따라하며 완성하는
나다운 탐구보고서

따라하며 완성하는
나다운 탐구보고서

펴낸날 2022년 10월 20일 1판 1쇄

지은이 고승미·박수진·이상필·최인선
펴낸이 김영선
책임교정 이교숙
교정·교열 나지원·이라야
경영지원 최은정
디자인 박유진·현애정
마케팅 신용천

펴낸곳 (주)다빈치하우스-미디어숲
주소 경기도 고양시 일산서구 고양대로632번길 60, 207호
전화 (02) 323-7234
팩스 (02) 323-0253
홈페이지 www.mfbook.co.kr
이메일 dhhard@naver.com (원고투고)
출판등록번호 제 2-2767호

값 16,800원
ISBN 979-11-5874-167-9 (43370)

따라하며 완성하는

나다운

탐구보고서

고승미 · 박수진 · 이상필 · 최인선 지음

미디어숲

추천사

　이 책의 특징은 첫째, 나의 학습을 유의미한 결과물로 변화시켜줄 안내서, 둘째, 나의 공부를 체계적인 탐구로 이끌어줄 가이드 맵, 셋째, 나만의 진로를 탄탄하게 준비시켜줄 설계도다. 이 책은 진로나 진학 준비로 힘들어하는 학생들을 위해 저자들은 학생들에게 꼭 필요하고 유익한 정보들을 가득 담았다. 따라서 꿈을 향해 미래 진로 나침반이 필요한 학생들에게 멘토와 같은 역할을 해 줄 가이드북이 될 것으로 기대한다.

김미경, 구산중학교 진로교사

　이제 더 이상 기계적인 암기학습은 통하지 않는다. 정보가 넘쳐나는 사회에서 검색만 하면 나오는 지식을 머릿속에 넣는 것보다 이를 어떻게 활용하고 자신의 것으로 재구성하는지가 더 중요해졌다. 본인의 흥미 분야를 탐색하고 그것을 심화 확장해 나가는 과정에서 진정한 지적 성장이 일어날 것이다. 이 책은 학생들이 자신의 흥미 분야를 어떻게 탐구해 나가는지 아주 상세히 보여주고 있다. 책을 보면서 쭉 따라가다 보면 진정한 나다움을 완성하지 않을까?

김종영, 삼각산고등학교 교감

　이 책은 학생부 간소화에 따라 학생 개인의 역량을 얼마나 잘 나타내 줄 수 있는가의 관점에서 서술되었다. 학생들은 다양한 교과와 활동을 경험하면서 이를 진로와 연결하여 나타내고자 노력한다. 이 모든 과정을 고스란히 담아낼 수 있는 것이 탐구보고서라고 생각한다. 『따라하며 완성하는 나다운 탐구보고서』는 다양한 접근법과 주제를 찾아 활용하는 과정을 여러 사례를 통해 보여 준다. 따라서 학생, 학부모, 교사 등 탐구보고서를 작성하고자 하는 이들에게 이 책은 우수한 가이드가 될 것이다.

박노순, 대일고 교감

학교 현장에 오래 몸담고 있으면서 우리 교육의 변화에 학생들이 잘 적응할 수 있도록 지도하기 위해 노력해 왔다. 대학의 평가 요소가 변화됨에 따라 학생들의 대입 준비 방법도 얼마의 수정이 필요해졌다. 공동체 내에서 협력하여 함께 성장하는 가운데 개인의 학업적 역량이 향상되고 있음을 진로와 연계해 교과 활동의 내외에서 채워가는 노력을 보여주기 위한 것으로 탐구보고서는 매우 유용하다. 이러한 역량을 높이고자 도전하는 학생들에게 이 책은 훌륭한 길잡이 동무가 되어 줄 것이다.

박정채, 대일외고 교장

고교학점제 취지에 부합하는 학생부종합전형을 준비하려면, 교육과정 내에서 개인의 탐구역량을 키우고 이를 바탕으로 충실한 학교생활기록부를 만들어가야 한다. 주제에 맞는 탐구보고서를 작성하는 과정을 통하여, 보다 확장된 지식을 얻고 스스로 탐구하는 능력을 키워 학업 역량과 진로 역량을 향상해 나간다면, 앞으로 변화하는 미래형 교육과정에서 우위를 선점할 수 있을 것이다. 그동안 어렵게만 느껴졌던 작업일지라도 이 책을 따라 탐구보고서를 작성해 보면 학생 스스로 성장하는 기쁨을 맛볼 수 있는 좋은 기회가 될 것이라 확신한다.

이승은, 세광고등학교 연구부장

학교 현장에서 학생들의 탐구 활동을 지도하다 보면 본인이 알아보고 탐구한 내용에 대하여 어떻게 정리해야 하는지 안내하기 어려운 것이 현실이다. 논문 작성법이나 기존의 탐구 대회 수상작을 예시로 보여주곤 하는데, 기존의 틀에 맞추어 탐구하게 되어 자신의 아이디어를 충분히 펼치지 못하기도 한다. 이에 학생들의 현실을 반영하고 그들의 수준에 맞는 탐구보고서 작성에 대한 안내서가 출간되는 것을 환영한다. 이 책을 통해 학생들이 탐구 활동을 나답게 하고, 나다움을 찾아갈 수 있기를 기대한다.

정윤성, 인천과학고등학교 화학교사

깊은 사고는 단순히 지식에 대한 심화학습이 아니다. 깊은 사고의 과정은 자기 주도성의 발현이며 동시에 지식에 대한 탐구의 기쁨을 느끼게 해 준다. 탐구보고서의 작성은 교과 학습의 심층적 학습을 돕고 이를 통해 자신만의 논리와 지식을 갖도록 돕는 메타 학습의 길잡이가 되어 줄 수 있다. 이 책은 단순히 대입을 위한 보고서의 작성이 아닌 학습자의 자기주도성을 높여주는 과정으로써 학습 경험을 제공할 것이다.

조현영, 인하대학교 교육학과 교수

이 책은 저자들이 현장에서 많은 학생들과 만나면서 학생들의 시각에서 쉽게 이해할 수 있도록 기술한 책이다. 미래인재, 고교학점제, IB에 이르기까지 현재 학생들이 고민하는 주제에 대한 담론에서부터 탐구보고서 작성을 위한 구체적 방법론까지 현장의 고민과 그 해법이 고스란히 담겨있는 책이다.

조훈, 서정대 교수, 한국진로진학정보원 사무국장

왜, 탐구보고서를 작성해야 할까?

　해마다 학생들의 대학입시를 지도하면서 '입시는 살아 움직이는 생물과도 같다.'라는 생각을 하게 됩니다. 대학은 그들이 추구하는 인재상에 적합한 학생을 선발하고자 무척 다양한 방법으로 지원하는 학생을 평가합니다. 그 가운데 '수시-학생부 종합전형'은 내신성적만으로 대학의 문을 두드리지 않고 희망하는 학과에 진학하기 위한 다양한 탐구활동을 통해 우수성을 드러낼 수 있다는 것과 교과 위주 전형에 비해 합격자의 내신등급이 다소 여유가 있다는 점에서 매력이 있어 지원을 적극 고려하게 됩니다. 하지만 학생부 간소화의 흐름에 따라 그 준비과정에서 어려움을 느껴 중도에 학생부 종합전형 준비를 포기하게 되는 경우를 종종 보아 왔습니다.

　학생들은 학생부 종합전형이 자신의 학업 역량과 진로 역량을 성장시켜줄 수 있고, 그러한 자신의 우수성을 대학에 나타낼 수 있는 매우 매력적인 전형이라는 것은 알고 있습니다. 하지만 단순한 활동 위주의 나열과 다양한 시도를 하되 개연성이 부족한 활동을 반복하게 되면서 '과연 다른 지원자에 비해 내가 우수하다는 평가를 받을 수 있을까?'라는 의문이 들게 되어 해당 전형의 지원에 대한 부담이 커진다고 말합니다.

어디까지 준비해야 잘 준비되었다고 말할 수 있을까.
어떤 활동을 해야 우수하다고 평가받을 수 있을까.

이 책은 그러한 고민에서 시작되었습니다.

Part 1에서는 학생부 전형이 간소화되고 축소되고 있는 이 시기에 왜 탐구보고서를 작성해야 하는지 이유를 제시합니다.

4차 산업혁명으로 일컬어지는 우리 사회의 변화는 교육에도 큰 영향을 미치고 있습니다. OECD의 교육 2030에서 강조하는 키워드는 학생주도성(Student Agency), 협력적 주체성(co-agency), 변혁적 역량(Transformative competencies), 웰빙(Well-being)입니다. '지식'기반 교육에서 '역량'기반 교육으로 변화되면서 그 평가방식에서도 결과보다는 '과정'에 맞추어 변화하고 있습니다. 2015개정교육과정에서 등장한 수행평가와 시행을 앞둔 고교학점제의 과정중심 평가방식이 바로 그것입니다.

이와 더불어 국내에도 도입되어 일부 학교에서 시행되고 있는 IB교육에서 지도하는 개별 연구 프로젝트는 소논문을 작성하는 과정을 통해 개인의 관심 분야에 대한 연구주제를 채택하고 주제를 탐구하는 방법론과 비판적·창의적 사고력을 익히게 됩니다.

또한 이러한 깊이 있는 탐구과정에서 개인의 역량뿐만 아니라, 다른 연구자와의 협업 과정에서 지식의 확장은 물론 협력, 소통, 배려, 리더십과 같은 공동체 역량을 함양할 수 있습니다.

이렇듯 '탐구보고서'는 미래 교육이 나아가고자 하는 방향을 제시하고 학생이 함께 발맞추어 준비해 왔는가를 들여다볼 수 있는 중요한 요소가 되고 있습니다.

Part 2. '탐구보고서 이해와 작성법'에서는 다양한 작성법을 소개하고, 작성자의 관심 분야에 대한 주제를 구체화하는 방법에서 시작해 이를 확장하여 하나의 탐구보고서가 완성되는 과정을 설명함으로써 절차를 따라가며 나만의 탐구보고서를 작성할 수 있도록 하였습니다. 이에 대한 이해를 적극적으로 돕고자 탐구보고서의 종류에 따른 주제 선정과 작성 과정 및 완성본의 사례를 수록하였습니다.

마지막으로 부록에서는 자칫 놓칠 수 있는 작성자 윤리를 위한 저작권 및 참고문헌 작성법과 글쓰기 주의사항을 수록하였습니다. 또한 탐구보고서 양식지의 여러 보기를 두어 학생의 탐구 방향에 따른 선택을 다양화하였고, 희망 진로에 따른 자료를 열람할 수 있는 참고문헌과 사이트를 수록해 편의를 제공하고자 했습니다.

더 나다운 나를 보여주기 위한 과정으로 탐구보고서를 써 보고자 하는 많은 학생들에게 본 책이 도움이 되기를 바랍니다.

저자 고승미, 박수진, 이상필, 최인선

왜?
탐구보고서일까?

미래인재상

인재상의 변화

우리는 현재 4차 산업혁명의 시대를 살아가고 있습니다. 18세기 영국에서 시작된 증기기관의 기계화 혁명인 1차 혁명, 전기 에너지에 기반한 대량생산 혁명인 2차 혁명, 컴퓨터와 인터넷 발달의 지식정보 혁명인 3차 혁명에 이어 이제 인공지능의 발전으로 인한 자동화 혁명인 4차 산업혁명 시대가 되었습니다. '4차 산업혁명'은 2016년 World Economic Forum인 다보스 포럼의 의제로부터 시작되었습니다.

산업혁명은 앞으로도 5차, 6차 계속 진행될 것입니다. 이처럼 급변하는 시대에 우리가 좀 더 중요하게 다루어야 할 부분이 있습니다. 그것은 바로 '인재상'

입니다. 산업혁명으로 삶이 바뀌면서 다양한 직업이 생겨나기도 하고 사라지기도 합니다. 다양한 직업의 변화에 따라 기업이 원하는 인재상 또한 달라질 것입니다. 그렇기 때문에 우리는 빠르게 변하는 미래 시대에 맞는 인재상에 깊은 관심을 가져야 할 것입니다.

인재상은 산업혁명 이전부터 존재해 왔습니다. 산업혁명 시대 이전은 농경사회로 공동체 의식과 국가 철학 공유를 중요하게 생각했습니다. 이후 1,2차 산업혁명 시대에는 많은 노동자가 단순 반복되는 노동을 해야 했기 때문에 규칙 준수와 암기력이 중요했습니다. 이어 3차 산업혁명 시대에는 정보의 습득 및 정보 기반 문제 해결력을 인재상으로 보았습니다. 다양하게 쏟아져 나오는 많은 정보를 얼마나 잘 습득하고 그것을 토대로 문제들을 얼마나 잘 해결하는지가 중요했습니다.

이제 우리가 살아가고 있는 4차 산업혁명 시대에는 융합적이고 창조적인 인재상을 원합니다. 개인이 아닌 사회(공동체)와 소통하고 협력해야 합니다. 전문성 또한 여전히 중요하고 이를 중심으로 다양한 융합을 할 수 있는 인재상이 나타나고 있습니다. 또한 많은 양의 데이터를 다룰 수 있어야 하며, 수시로 변화하는 상황에 대한 대처 능력이 있는 인재를 원하고 있습니다.

〈시대별 선호되는 인재상〉

농경사회	1, 2차 산업 혁명	3차 산업 혁명	4차 산업 혁명
공동체 의식 국가 철학 공유	규칙 준수 암기력	정보의 습득/해독력 정보 기반 문제 해결력	자신만의 전문성 분야를 넘나드는 융합 빠른 변화에 대한 적응과 대응 복합적인 문제해결 능력

그렇다면 실제 우리나라 100대 기업이 원하는 인재상이 어떻게 변해 왔는지 알아 볼까요?

대한상공회의소에서는 5년 주기로 100대 기업이 원하는 인재상 보고서를 발표합니다. 그 내용을 살펴보면 가장 눈에 띄는 두 가지가 있습니다.

첫째는 '소통·협력'입니다. 2018년에 들어서 가장 중요하게 생각하는 인재상이 되었습니다. 잘하는 사람보다 함께 할 수 있는 사람을 원한다는 것이죠. 함께 할 수 있다는 것은 역량을 키울 수 있는 발전가능성 있는 사람이라고 볼 수 있기 때문입니다.

두 번째는 '전문성'입니다. 맡은 분야의 지식이 없다면 소통·협력이 어려울 수 있습니다. 전문성을 지닌 다양한 분야의 전문가들이 협업을 통해서 서로 다른 분야와의 융합을 이루어낼 수 있습니다.

구분	2008년	2013년	2018년
1순위	창의성	도전정신	소통·협력
2순위	전문성	주인의식	전문성
3순위	도전정신	전문성	원칙·신뢰
4순위	원칙·신뢰	창의성	도전정신
5순위	소통·협력	원칙·신뢰	주인의식
6순위	글로벌 역량	열정	창의성
7순위	열정	소통·협력	열정
8순위	주인의식	글로벌 역량	글로벌 역량
9순위	실행력	실행력	실행력

출처 : 대한상공회의소 『100대 기업이 원하는 인재상 보고서』(2018)

OECD(경제협력개발기구) Education

OECD는 Organization for Economic Cooperation and Development의 약자로 '경제협력개발기구'를 말합니다. 경제협력개발기구는 경제발전과 세계무역 촉진을 위하여 발족한 국제기구이며, 모두를 위한 번영, 평등, 기회 및 웰빙을 촉진하는 정책을 수립하는 것을 목표로 하고 있습니다. 이러한 목표를 위해서 다양한 분야에서 관심을 가지고 노력하고 있습니다. 우리는 그중에서 교육 분야를 살펴보고자 합니다.

◉ DeSeCo 프로젝트와 2015 개정 교육과정

성공적인 삶과 살기 좋은 사회를 실현하기 위한 역량에는 어떤 것이 필요할까요? 지식과 기술의 역량이 전부는 아니며 어떠한 상황에서라도 자원을 이용하여 복잡한 요구에 대처하는 능력도 필요합니다. 따라서 DeSeCo 프로젝트를 통해 '핵심역량' 선별 작업을 시작했고, 이 핵심역량을 세 범주로 분류했습니다.

첫째, '도구의 사용'입니다. 여기서 도구는 언어뿐만 아니라 정보기술(IT)과 같은 다양한 도구 모두를 의미합니다. 이러한 도구를 목적에 맞게 자유자재로 구사할 줄 알아야 합니다.

둘째, 개인으로서 타인과 '관계 형성'이 중요합니다. 다양한 생각과 배경을 가진 사람들의 집단에서 상호작용할 수 있어야 합니다.

셋째, 자율적으로 행동하되 책임감 있는 태도로 자신을 관리할 수 있어야 합니다.

이 세 가지는 따로 떨어져 있기도 하지만 서로 연결되어 밀접한 관계를 가지기도 합니다.

당시 이러한 내용을 토대로 미래 인재상이 요구되었으며, 우리나라에서도 교육과정을 개발하여 지금의 '2015 개정 교육과정'이 만들어진 것입니다.

OECD DeSeCo의 핵심 역량

📍 OECD2030Education 프로젝트와 2022 개정 교육과정

2018년 OECD는 새로운 미래 인재상을 발표합니다. 새롭다고 해서 기존의 DeSeCo 프로젝트와 전혀 다른 방향은 아닙니다. 빠르게 변화하는 4차 산업혁명에 맞는 인재상의 변화가 필요했고, 우리 아이들에게 변화하는 사회에 맞는 교육을 가르쳐야 했기 때문입니다. 그래서 발표한 것이 OECD 교육 2030(OECD Education 2030)프로젝트입니다.

OECD 교육 2030에서 강조하고자 하는 부분을 '학습 툴'로 제시했습니다. OECD 학습 나침반 2030으로 표현했으며, 2가지의 그림을 통해서 전달되었습니다. 그림 안에서 전달하고자 하는 의미와 키워드를 살펴보세요.

OECD 학습 나침반 2030

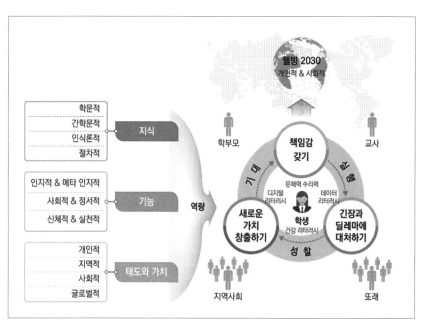

출처 : OECD(2018. 5)

'OECD 교육 2030' 프로젝트에서 제시한 '학습 툴'

OECD는 2018년 보고서에 우리가 원하는 미래상으로 '모든 학생이 전인적 인간으로 성장', '학생이 지니고 있는 잠재력의 최대 발현', '개인과 사회의 웰빙에 기초한 공동의 미래사회 구축'이라고 제시했습니다.

OECD 교육 2030에서 강조하는 키워드는 '학생 주도성(Student Agency), 협력적 주체성(co-agency), 변혁적 역량(Transformative competencies), 웰빙(Well-being)'입니다. 간단하게 키워드의 의미에 대해 살펴볼까요?

첫째, '학생 주도성(Student Agency)' 혹은 '학생 주체성'이라고 해석하기도 합니다. 학생에게 일어나는 다양한 일들에 대한 중심에 학생이 있고 학생 스스로 자기 주도적으로 참여하고 선택해야 한다는 것입니다. 즉, 삶의 여정을 떠나는 주인공이 바로 '나'라는 것입니다.

둘째, 협력적 주체성(co-agency)을 동반한 삶의 중심은 '나'이겠지만, 우리는 사회에 함께 소속되어 타인과 함께 살아갑니다. 그렇기 때문에 내가 영향을 주기도 하고 받기도 합니다. 여기서 그 영향을 주고받게 되는 주변 환경의 것들이 협력적 주체성(co-agency)입니다. 예를 들면, 친구, 부모님, 선생님, 지역사회가 있을 것입니다.

셋째, '변혁적 역량(Transformative competencies)'이 있습니다. 이것은 DeSeCo 프로젝트에서 강조했던 '핵심역량(Key-Competencies)'에서의 한계점을 느끼고 재정의된 것입니다. 가장 두드러진 차이점은 기존의 역량이 결과 중심적이었다면, 새롭게 정의된 변혁적 역량(Transformative competencies)은 결과에 영향을 미치는 교육 진행 과정에도 관심을 가져야 한다는 과정 중심적이라는 점입니다.

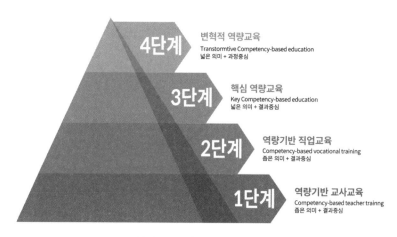

역량기반 교육의 발전 단계

교육은 '지식' 기반 교육에서 '역량' 기반 교육으로 변화되어 왔고, 평가방식도 그 과정에 맞추어 변화되어 왔습니다. 우리나라 2015 개정 교육과정에서 처음 등장한 수행평가와 고교학점제에서 준비 중인 과정 중심의 평가방식이 바로 그 것입니다.

지식 기반 교육	역량 기반교육		
	1단계·2단계	3단계	4단계
객관주의	행동주의	실증주의	구성주의, 인본주의
–	좁은 의미		넓은 의미
내용(Contents)	결과(Outcomes)		과정(Progress)
목표 Objectives	역량 Competencies	역량 key competencies	역량 transformative competencies
교육전달	학습자 수행 성과	개인과 사회의 '성공'	개인의 사회의 '웰빙'
지식과 이론	지식, 기술 수행	특정한 맥락을 충족할 수 있는 지식, 기술, 태도	복잡한 요구를 충족할 수 있는 지식, 기술, 태도와 가치

고정적, 시간제약 표준화	고정적, 시간제약 표준화	여전히 고정적, 시간제약, 표준화	시간제약 없으며, 유연하고, 개인의 학습에 초점
교육학 Pedagogy	성인교육 Androgogy	교육학 Pedagogy	교육학 Pedagogy
객관적 평가	수행평가	수행평가	과정의 증거 평가

넷째, '웰빙(Well-being)'입니다. 웰빙은 경제적 안정, 주거환경, 소득, 공동체, 교육, 정치적 참여, 건강, 일-삶의 균형 등 사회발전 및 개인 삶의 질에 기여하는 전반적인 요소를 포함하는 종합적인 관점에서 바라봐야 하는 키워드입니다. 즉, 학생들이 지식뿐만 아니라 기술, 태도와 가치를 함양할 수 있도록 지도하는 것을 교육의 목표로 삼아야 할 것 입니다.

범주	세부 역량		
	학문적 지식	범학문적 지식	실용적 지식
지식 (knowing)	읽기, 쓰기, 문학; 수학; 과학; 사회적 연구; 현대 외국어; 예술; 체육; 비핵심 과목	주제별 조직 • 시민 의식 • 글로벌 연구 • 환경 연구 • 미디어 연구 • 기업가정신 • 정보통신기술	노하우(know-how), 조작 지식(manual skills knowledge), VCT 관련 일반 지식, 특정 부문별 지식, 등
	인지 및 메타 인지 기술	사회·정서적 기술	신체적·실용적 기술
스킬 (doing)	인지역량: 기억, 이해, 분석, 응용, 평가, 창조	• 대인 관계 참여 • 관계 개발/강화 • 과제 완수 • 지적 참여 • 정서 조절	신체적 역량: 운동감각 능력, 운동 기능, 손재주 (dexterity)
	메타인지역량: 자기성찰, 자기반성, 학습전략		실용적 역량: 조작기술 (ICT, 새로운 기계), 응급처치 능력

	태도	가치
가치 및 태도 (being)	• (대인관계 형성을 위한) 사회적 접근법, 열정, 확신 • (관계 심화를 위한) 동정심, 존중, 신뢰, 화합 • (과제 완수를 위한) 자기훈련, 조직, 책임감, 목표지향, 과제 착수 • (지적 참여를 위한) 호기심, 창의적 상상, 심미적 관심, 자아성찰, 자율성 • (정서 조절을 위한) 스트레스 내성, 자신감, 정서조절, 자부심	평등, 자유, 정의, 존엄, 결속, 관용, 평화와 안전, 지속적인 발전

02

고교학점제

고교학점제란

전 세계 많은 국가에서 OECD가 제시하는 미래 인재상을 기준으로 교육프로그램을 만들고 있습니다. 우리나라 역시 OECD에서 제시하는 교육철학을 기반으로 교육과정을 만듭니다. 이번에 고교학점제는 OECD Edu2030 프로젝트를 기반으로 만든 교육과정이라고 볼 수 있습니다.

그러면 '고교학점제'가 어떻게 운영되는지 알아볼까요?

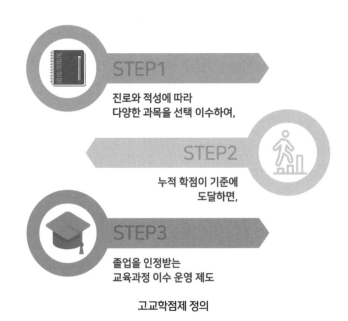

STEP1
진로와 적성에 따라
다양한 과목을 선택 이수하여,

STEP2
누적 학점이 기준에
도달하면,

STEP3
졸업을 인정받는
교육과정 이수 운영 제도

고교학점제 정의

우선 교육부에서 제시하는 고교학점제란, 진로와 적성에 따라 다양한 과목을 선택 이수하여, 누적 학점이 기준에 도달하면 졸업을 인정받는 교육과정 이수 운영제도입니다. 내용을 들여다보면 고등학교에서 사용하지 않았던 새로운 용어들이 보입니다. 첫째, 과목 선택 이수, 둘째, 누적 학점입니다. 새로운 용어가 나왔다는 것은 그 부분을 집중해야 하고 그 부분에서 기존과 다른 가장 많은 변화를 가지고 온다고 보면 될 것입니다.

📍 첫째, 과목을 선택 이수한다.

초등학교, 중학교 시간표를 생각해 보겠습니다. 학생들은 학기 초에 일괄적으로 반마다 정해진 수업시간표를 전달받습니다. 듣고 싶은 과목이든 아니든 학생들은 시간표에 따라 수업을 받게 됩니다. 학생의 입장은 전혀 고려되지 않은 일방적인 교육의 모습입니다.

미래 인재에게 중요시하는 것 중의 하나가 '학생 주도성(Student Agency)'입니다. 즉, 자기 주도적으로 참여하고 선택하는 것이 중요하다고 볼 수 있습니다. 고교학점제에서는 이런 부분을 적용하여 학생들이 직접 과목을 선택할 수 있는 권한(기회)을 주고자 하는 것입니다. 물론, 기본적으로 배워야 할 교육과정은 있기 때문에 기본 교육과정을 배운 이후 선택할 수 있도록 합니다. 선택의 기준은 진로와 적성, 흥미가 될 것입니다.

정부에서는 이런 점을 고려하여 현재 중학교 시절 다양한 진로 활동을 지원해주고 있지만, 여전히 많은 학생이 진로 및 흥미를 찾지 못하고 고등학교에 진학하는 경우가 많습니다. 진로는 누가 찾아 주는 것이 아닌 본인 스스로 고민하고 적극적으로 찾기 위해 노력해야 하는 부분이라는 것을 명심하고 본인의 진로에 더욱 많은 관심을 가져야 하겠습니다.

📍 둘째, 누적 학점을 이수해야 한다.

학점이라는 단어는 우리가 대학교에 진학하면 들을 수 있는 용어입니다. 용어의 개념은 비슷하다고 보면 될 것 같습니다. 즉, 내가 원하는 과목을 선택하고 선택한 1과목당 학점이 부여되고 총 192학점을 수료(이수)해야만 고등학교 졸업 자격이 주어집니다. 만약 미이수를 하는 경우에는 졸업의 요건을 만족하지 못하게 되므로 졸업이 안 됩니다. 하지만 다양한 방법으로 보충프로그램을 제공하여 학생들이 이수할 수 있도록 할 것입니다.

고교학점제 운영체계

또한 현재 수업량은 총 204단위이고 이것이 192학점으로 변경되면서 보통 일주일에 6교시가 주 1회에서 주 3회로 늘어나게 됩니다. 적용은 2023년 고1

(2022년 기준 중3)부터 단계적으로 적용되어 2025년부터는 전면 도입됩니다.

일반계고 고교학점제 단계적 이행안

기반 마련	운영체제 전환	제도의 단계적 적용		고교학점제 전면 적용
~2021년	2022년	2023년	2024년	2025년~
수업량 기준	단위	단위 (특성화고 : 학점)	학점	학점
총 이수학점	1~3학년 204단위	1학년 204단위 / 2학년 204단위 / 3학년 204단위	1학년 192학점 / 2학년 204학점 / 3학년 204학점	1학년 192학점 / 2학년 192학점 / 3학년 204학점	1학년 192학점 / 2학년 192학점 / 3학년 192학점
책임교육	준거 개발	교원 연수 시도·학교 준비	공통과목(국어, 수학, 영어) 최소 학업성취수준 보장 지도	전 과목 미이수제 도입

이러한 고교학점제에서 역량을 함양하는 것과 진학에 도움이 되는 2가지 중요한 것이 있습니다.

첫째는 진로에 맞는 교과목 선택이며, 둘째는 선택한 과목의 깊이 있는 학습을 통한 학생의 역량 강화 및 함양입니다. 본 책에서는 학생 스스로 위의 두 가지 핵심을 '탐구보고서' 작성을 통하여 기를 수 있는 방향을 제시합니다.

03

IB교육

진정한 교육이란 무엇이며, 미래 사회에 필요한 인재는 어떤 역량을 지니고 있어야 할까요?

시대의 변화에 맞춰 사회가 요구하는 인재상도 바뀌게 됩니다. 현대사회에서 필요로 하는 역량으로 비판적 사고력, 창의력과 융·복합 능력, 그리고 자기주도 학습 능력, 문제해결 능력, 협업과 소통 능력 등이 자주 언급되고 있습니다.

그렇다면 이러한 인재를 양성하기 위해 교육은 어떠한 변화가 필요할까요? 이것에 대한 답을 찾기 위해 끊임없는 고민과 성찰이 있어 왔습니다.

요즈음 IB 교육이 이 문제에 대한 해답으로 다시 대두되고 있습니다. 특히 수능에서의 서·논술형 도입에 대한 논의가 이루어지기 시작하면서 IB에 대한 연구가 많이 이루어 지고 있고, 실제 IB 교육을 도입하고 추진하는 노력들이 계속되고 있습니다. 경기외고, 삼성외고를 시작으로 제주도에 위치한 표선고등학교까지 IB교육을 한국의 학교 현장에 도입하고 있지요.

2021년, 표선고는 고등학교 과정인 DP(Diploma Programme)를 제공하는 우리나라 17번째 학교가 되었습니다. 우리나라 17개의 IB 학교 중, 공·사립 고등학교는 6개교이며, 나머지 11개교는 국제학교 또는 외국인학교입니다. 이 중에서도 표선고는 전체 학급이 IB 교육을 실시하는 전국 공·사립 중 최초의 학교가 되었습니다.

IB 인증을 받기 위한 절차를 기다리는 학교들이 대구와 제주를 중심으로 꾸준히 늘어나고 있습니다. IB 교육철학에 전 세계가 주목하고 있고 실제 IB 교육을 도입하는 나라와 학교가 급격히 증가해 1971년 7개 학교였던 것이 2022년 5월 현재는 세계 159개국 5,400학교가 IB 학교입니다.(출처 : ibo.org)

그렇다면 IB는 무엇이며 어떤 교육철학을 가지고 있기에 이런 관심을 가지고 있는 것인지 살펴볼까요?

IB란 무엇인가?

IB(International Baccalaureate)는 1968년 비영리 국제교육기관인 IBO(International Baccalaureate Organization)에 의해 스위스에서 시작된 교육입니다. 고등학교 과정인 DP(Diploma Programme)를 시작으로 1994년 중등교육 프로그램인 MYP(Middle Years Programme), 1997년 초등프로그램인 PYP(Primary Years Programme)를 도입하였습니다. 그리고 2012년 CP(Career-related Programme)를 도입하여 초·중·고등학교 과정의 연속적인 교육모델을 제공하고 있습니다. PYP에서 CP까지의 모든 교육과정은 연계되어 있고 모두 IB가 추구하는 10가지 학습자상을 교육철학으로 반영하고 있습니다.

IB 학습자상은 IB가 추구하는 인재상으로, '탐구하는 사람', '지식이 풍부한 사람', '사고하는 사람', '소통하는 사람', '원칙을 지키는 사람', '열린 마음을 지닌 사람', '배려하는 사람', '도전하는 사람', '균형 잡힌 사람', '성찰하는 사람'입니다.

이 학습자상을 바탕으로 학생들은 인류의 공통 과제에 관심을 두고, 국제적인 소양을 갖춘 인재로 성장하며, 더 평화롭고 보다 나은 세상을 만들어나갈 수 있도록 돕습니다.

IB는 모든 교육과정에서 중요한 요소로 작용하는 IB만의 학습 접근 방식이 있습니다. 사고 기능(Thinking skills), 연구기능(Research skills), 의사소통 기능(Communication skills), 사회성 기능(Social skills), 자기관리 기능(Self-management skills)이 그것입니다. 모든 교사는 학습지도안을 계획하고 작성 시 위의 요소들을 최대한 고려하여 학생들에게 꼭 필요한 역량을 기르기 위해 노력합니다. 이러한 기능을 습득하여 학생들은 IB 학습자상이 원하는 인재로 성장하게 되는 것입니다.

융합교육과 IB

초등학교 과정인 PYP에서는 초학문적 수업(Transdisciplinary learning)을 통해 학생들이 스스로 끊임없이 질문하는 배움의 주체가 되도록 합니다. 한 가지 주제에 대해 자신의 생각을 전달할 뿐만 아니라 의사소통을 통해 다른 학생들의 의견을 공유하며 다양한 관점에서 문제를 바라볼 수 있는 능력을 가지게 됩니다.

또한 실제 학습을 통해 자신을 이해하고 이웃과 학교, 그리고 지역사회와 국가, 더 나아가서는 국제적인 시각에서 여러 현상들을 바라볼 수 있도록 도와줍니다. 이를 통해 자신뿐 아니라 사람들과의 관계, 지역사회, 그리고 전 세계를 위해 기여하는 사람이 되기 위한 준비를 하게 되는 것입니다.

중학교 과정인 MYP에서는 개념학습을 기반으로 학문 간(Interdisciplinary) 교육이 이루어집니다. 이러한 교육을 통해 학습자들은 깊이 있는 분석과 창의적인 생각을 통해 통합적 문제해결 방식을 배우게 됩니다.

즉, PYP나 MYP에서의 교육방식은 모두 어떤 문제에 대해서 호기심을 가지고 계속 질문을 던지며 그것을 해결하려 노력하고 그 해결 과정에서 지적인 성장을 하게 되는 것입니다. 또한 다양한 관점에서 통합하고 융합하는 사고력과 비판의식을 기를 수 있습니다. 아울러 해결을 위해 경쟁이 아닌 협동의 마음으로 친구들과 소통하고 수많은 도전을 해야 함을 배우게 됩니다.

고등학교 과정인 DP, 즉 디플로마 과정을 수료하기 위해서는 학생들이 배우는 6가지 영역의 교과 외에 세 가지 핵심 요소를 반드시 이수해야 합니다. 지식이론(Theory of Knowledge, 이하 TOK), 손논문(Extended Essay, 이하 EE), 창의, 활동 및 봉사(Creativity, Activity, Service, 이하 CAS)가 바로 그것입니다. 이 세 가지 과정을 IB에서는 'Core' 즉, '핵심과정'이라고 부릅니다.

이 과정을 이수하지 못하면 디플로마를 받을 수 없게 됩니다. 즉, 디플로마를 받기 위해서는 필수적으로 들어야 하는 과정이기 때문에 IB 프로그램에 참여하는 학생들은 모두 이 과정을 이수하여 깊이 있는 학문적 탐구를 한다고 보면 됩니다. 이 핵심과정은 문제를 해결하는 과정에서 비판적 사고력과 창의력, 그리고 융합적인 탐구 능력을 기르기 위한 목표를 가지고 있습니다.

지식이론(Theory of Knowledge, TOK)은 100시간의 수업을 통해 지식을 습득하는 과정입니다. 일종의 철학수업과 많이 닮아있는데 학생들은 개방형 질문을 통해 끊임없이 탐구하고 성찰하는 과정을 갖습니다. 또한 TOK의 질문은 다양한 관점에서 탐색하는 것이 핵심 요소입니다. 학생들에게 지식을 그대로 받아들이게 하거나 답을 요구하는 것이 아닙니다. 학생들이 지식의 진정한 주인이 되도록 유도하는 것입니다. 질문과 토론에 참여함으로써 자신을 이해하고 그 이해를 바탕으로 지식을 심화 확장시켜 나가는 것입니다.

가장 기본적인 질문은 '우리가 어떻게 그것을 알게 되었는가?'입니다. 주어진 지식을 그대로 해석하는 것이 아니라 그 본질에 대한 탐구를 하는 것입니다. 지식 자체를 배우는 것이 아니라 그 지식을 알아가는 과정에 초점을 맞추고 있어

학생들의 비판적 사고 기능 발달에 무척 중요한 역할을 하게 됩니다.

교육과정으로 학생들은 역사, 인문과학, 자연과학, 예술, 수학의 5가지 지식 영역을 공부합니다. 그리고 지식과 기술, 지식과 언어, 지식과 정치, 지식과 종교, 지식과 토착사회의 5가지 선택 주제에서 2개를 선택합니다. 관심 있는 2개의 주제를 선택하여 깊이 있는 연구를 하게 됩니다.

TOK에서의 지식질문은 열린 질문으로 이루어져 있으며, 학생들은 논쟁의 여지가 있는 심오한 질문에 대한 답을 찾는 과정에서 지식의 본질에 대해 알아갑니다. 학습자 자신과 자신을 둘러싼 세계에 대해 이해하게 되는 것입니다. 학생들은 자신이 배운 과목을 현실 세계와 연관시켜 주변에서 마주할 가능성이 높은 이슈들을 마주하고 그것을 탐구하게 됩니다. 예를 들면 "가족이 배가 고파서 굶어 죽을 상황이다. 이때 가족을 위해 빵을 훔치는 것은 잘못된 일인가?"라는 질문 대신 TOK에서는 '윤리적 판단을 내릴 때 감정과 이성은 똑같이 중요한가?', '윤리적 판단은 다른 종류의 판단과 어떻게 다른가?'라는 좀 더 포괄적인 질문을 던지게 되는 것입니다. 또한 지식과 기술에 관련된 질문에 있어서는 '데이터, 정보, 지식의 차이점은 무엇인가?', '인터넷은 *무엇인가 안다는 것*의 의미를 어느 정도 변화시키고 있는가?', '어떤 의미에서 기계가 무엇인가를 알고 있다고 말할 수 있는가?', '기술이 어떻게 불평등한 접근을 악화시키거나 완화하고 지식에 대한 우리의 접근을 분열시킬 수 있는가?' 등이 지식 질문의 예입니다.

위의 질문들은 우리가 평상시 자주 접하지 못하는 형식의 질문입니다. 특히 우리나라 고등학교 학생들에게 더욱 그러할 것입니다. 교육 과정 내에 철학 등의 과목을 학생들이 수강하는 경우는 더욱 드물기 때문에 이러한 철학적 질문에 어떻게 답해야 할지 난감할 것이고 그래서 TOK의 질문이 난해하다고 말하는 것입니다. 이렇듯 TOK의 질문에 답하는 과정이 바로 지식에 대한 본질을 탐구하는 과정입니다.

TOK 수업에 대한 평가는 TOK 전시회와 에세이로 이루어집니다. 전시회는 내부적으로 평가하는 요소이고 에세이는 외부평가입니다. TOK 전시회라는 것은 프레젠테이션을 대체하여 새롭게 도입된 평가 요소입니다. TOK prompt라는 35개의 철학적 질문들 중 하나를 선택해서 이후 세 가지 대상을 정해 총 950자 이내의 논평으로 작성합니다. 예를 들면, "지식 생산에서 편견은 불가피 합니까?"라는 질문에 본인이 편향이 불가피하다고 생각하면 그것을 보여주는 지식의 예를 찾아서 그에 대한 근거를 제시하는 것입니다. 이 과정에서 "편견"이라는 키워드를 가지고 수학적, 인문학적, 예술적 지식 등 다양한 분야와 통합하여 자신의 의견을 피력하게 됩니다.

외부 평가인 TOK 에세이는 IBO에서 6개의 정해진 문제를 내고 그중 하나에 응답하는 방식입니다. 이것은 외부 평가이기 때문에 IB 심사관들이 직접 채점합니다. TOK 에세이의 질문은 6개월 정도 미리 IBO에서 공개하며 학생들은 다운로드하여 교사의 도움을 받아 작성하게 됩니다. TOK 에세이는 반드시 학생 스스로 작성해야 하며 교사는 학생의 진행 상황을 모니터링하고 과제의 진위 여부를 확인해 주는 역할만 해야 합니다.

소논문(Extended Essay, EE)은 학생들이 특별히 관심 있는 분야의 주제를 스스로 선정해 약 4,000단어 길이의 에세이를 작성하는 일종의 개별 연구 프로젝트입니다. EE는 학생들의 탐구적 요소가 가장 많이 포함된 과정이라고 볼 수 있습니다. 이 과정을 통해 학생들은 연구주제나 그 주제를 탐구하는 방법론과 비판적 사고력을 익힐 수 있습니다.

학생들은 개별 교과 또는 통합 교과 중 하나를 선택해 40시간을 할애하여 소논문을 완성하게 됩니다. 소논문을 작성할 때는 반드시 연구 성찰 일지를 작성하여 본인의 연구 과정을 기록하게 합니다. 그리고 학생들에게 연구 질문을 만드는 5가지 단계를 제시하여 학생들의 에세이 작성에 도움을 줍니다. 또한 이뿐만이 아니라 소논문을 쓰는 데 필요한 절차와 윤리에 대해서도 철저히 가르치기 때문에 이 과정을 통해 학생들은 졸업 후에도 스스로 자료를 찾고 주도적으로 지식을 자신의 것으로 재구성해 나갈 수 있습니다.

창의, 활동 및 봉사(Creativity, Activity, Service, CAS)는 학생들이 18개월 동안 규칙적으로 매주 시행해야 하며 본인이 원하는 것을 찾아 봉사활동을 하거나 창의적인 아이디어를 활용하여 작품을 낼 수도 있고, 스포츠 운동 등의 활동을 할 수 있습니다. 이러한 활동은 TOK나 EE와 연관될 수 있는데 학생들은 CAS와 같은 여러 활동 등을 통해 탐구하고 싶은 주제에 대해 호기심을 가지고 아이디어를 얻을 수 있습니다.

DP에서 필수과정으로 이수해야 하는 TOK, EE, CAS는 모두 학생 스스로 계획을 세우고 직접 현장에 적용해 보거나 활동해 보고, 그 안에서 문제점을 제기하고 해결해 나가는 과정입니다. 그야말로 진정한 학생 중심의 지식습득 과정이라고 볼 수 있습니다. 이러한 과정을 거치면서 소통하고, 비판적으로 사고하고 탐구하며 창의적이고 능동적인 학습자로 성장해 나가는 것입니다.

이 세 가지 DP 핵심 과정은 디플로마를 획득하고자 하는 학생들에게 필수요소이기 때문에 학생 중심의 탐구과정을 모든 학생이 경험할 수밖에 없습니다. 이러한 교육을 받은 학생들이 대학 진학 후 보여 주는 여러 가지 모습들이 연구 결과로 나오면서 IB 교육의 가치에 더 집중하게 되는 것이 아닌가 싶습니다.

IB와 과제 탐구

IB 교육에서 가장 중요하게 생각하는 것 중 하나가 바로 INQUIRER 즉, 탐구하고 질문하는 사람입니다. 호기심을 가지고 무엇인가를 탐구하는 자세가 바로 배움의 시작일 것입니다.

탐구의 과정 속에서 비판적인 사고와 창의적인 사고력이 필요할 것이고, 다양한 관점에서 타인을 이해하고 스스로를 성찰해 보는 시간을 끊임없이 갖게 될 것입니다. 이러한 과정들은 학생 스스로의 흥미와 학문에 대한 깊이를 더해 줄 것이며 열정적인 평생교육자로 성장하게 해 주는 원동력이 될 것입니다.

따라서 IB 교육에서는 이러한 학습방법과 교육적 의도가 모든 과정에 체계적으로 녹아 있습니다. PYP에서 CP까지 모든 과정에서 학생들에게 끊임없이 질문하고 스스로 비판적인 사고를 통해 능동적으로 문제를 해결하도록 이끌어 줍니다.

그리고 고민하고 해결하는 과정을 통해 얻어낸, 또는 알아낸 것들을 꼭 산출물로 만들어 보도록 합니다. PYP에서는 전시회, MYP에서는 개인 프로젝트를, 그리고 DP에서는 TOK 전시회와 TOK 에세이, 그리고 EE를 통해 본인이 배우고 성장한 부분을 공유합니다.

이러한 결과물들은 융합적인 사고과정을 통해 만들어진 것입니다. 학생들은 이러한 결과물을 만드는 과정에서 복잡한 문제들이 얼마나 서로 유기적으로 연결되어 있는지 알게 되는 것입니다. 하나의 관점으로는 전혀 생각해내지 못했을 새로운 문제점과 의문점을 찾아볼 수 있고, 따라서 사건을 다각도로 바라볼 수 있는 눈을 키우게 될 것입니다. 또한 나만의 문제가 아닌 지역사회가 함께 고민하고 국가와 전 세계가 같이 지지해 줘야 함을 다시 한번 느끼고, 생각만이 아니라 실제 행동으로 옮기고 실천하도록 이끕니다.

프로젝트를 통해 나뿐만 아니라 더 나은 지역사회와 국가, 그리고 평화로운 세계를 위해 서로 도와 가야 함을 알아가게 되는 것입니다.

특히 대입을 준비하는 DP 과정의 핵심과정인 TOK와 EE를 통해 학생들의 탐구과정이 어떻게 이루어지는지 살펴보는 것은 탐구보고서의 중요성과 그 진정한 의의에 대해 이해하는 데 도움이 될 것이라 생각합니다. 탐구보고서는 이 세 가지 핵심과정에서 많은 닮은 꼴을 가지고 있습니다.

IB 교수학습 접근법은 과목들을 고립되게 가르치지 않고 다양한 관점에서 바라보도록 합니다. 즉, 총체적(Holistic) 접근법을 사용하여 편협된 생각에서 벗어나도록 도와주는 것입니다. 더 나아가 우리는 고립되어 있지 않고 서로 연결되어 있기 때문에 협력하고 배려하면서 해결 방법을 찾아 나가야 함을 가르치고 있습니다.

결국 지역적·국가적 차원뿐 아니라, 전 세계가 하나라는 사실을 인식하며 지속적인 성찰을 통해 궁극적으로 더 나은 세상을 위해 끊임없이 발전해 나갈 수 있을 것입니다. IB교육은 지역적·국가적·세계적인 선한 영향력을 끼칠 수 있는 인재양성을 목표로 하고 있습니다.

학습자 중심의 IB 교육철학은 인공지능 시대에 진정한 교육이 무엇인지에 대한 매력적인 답을 제공해 주고 있습니다. 창의융합적 사고를 통해 얻어낸 것들을 교실 세계가 아닌, 실생활 속에 연계한다는 개념이 중요합니다.

예를 들어 환경문제를 놓고, 물리, 화학, 생물, 지구과학을 융합해 공부하고, 해당 지역사회의 지속가능발전협의회나 환경운동단체 등과 협업하여 자원순환 프로젝트에 같이 참여할 수 있습니다. 이를 위해 지역 하천의 역사와 하천 복원 과정을 조사하고, 수질의 오염 정도를 측정합니다. 생활 쓰레기를 효과적으로 줄이기 위한 재활용 실천 방법 안내 및 캠페인을 실시하고, 미세플라스틱 감소를 위한 과학 프로젝트를 실천하거나, 에너지제로 하우스 제작 및 신재생에너지 체험활동을 할 수도 있습니다. 즉, 다양한 관점에서 문제를 바라보며 이를 지역사회와 연계하여 실천함으로써 지역사회 발전에도 기여할 수 있는 것입니다. 더 나아가 정부의 역할은 어떤 것이어야 하는지, 전 세계가 같이 고민해 봐야 하는 것이 무엇인지 친구들과 의견을 나누고 고민해 볼 수 있게 합니다.

IB 교육의 이러한 교과융합적인 탐구수업은 우리나라 학교 교육현장에서도 찾아볼 수 있습니다. 융합이라는 키워드를 가지고 교육의 변화를 이끌기 위한 많은 시도가 있어 왔습니다. 2015 개정 교육과정에서의 수업량 유연화 과정도 그 시도 중 하나입니다.

수업량 유연화는 2015 개정 교육과정에서 교과목 1단위 수업량 17회 중 1회를 단위학교에서 학생의 진로·적성, 학습 수준 등에 따라 자율적으로 운영할 수 있도록 한 것으로, 일종의 탐구수업을 장려하고 교과 간 융합 수업을 유도하여 학생들에게 학업 수준에 따른 탄력적인 맞춤형 교육을 제공할 뿐만 아니라 궁극적으로 창의적인 융합형 인재를 기르고자 하는 목적을 가지고 있습니다.

이러한 자율적 운영 과정은 다음과 같습니다.

① 진로 집중형 : 진로설계·체험, 고등학교 1학년 대상 진로 집중학기제 운영
② 학습 몰입형 : 교과별 심화 이론, 과제 탐구 등 심층적 학습시간 운영
③ 보충수업형 : 학습 결손, 학습 수준 미흡 대상 학생 보충수업
④ 동아리형 : 학습 동아리 연계 운영, 교과에 대한 학생 주도적 학습 시간 운영
⑤ 프로젝트형 : 교과 융합 학습 등 주제 중심의 프로젝트 수업, 직업 체험 프로젝트 등 운영

이러한 수업량 유연화 수업 유형을 단위 학교에서 자율적으로 운영할 수 있습니다. 교과 융합형 주제 탐구 프로젝트 수업과 수업 확장 진로 연계 심화 탐구 활동 프로젝트 수업 등은 탐구 보고서와 잘 연계해 작성할 수 있습니다.

위 두 가지 중 첫 번째는 두 개 이상 교과목의 수업 내용을 융합하여 학생 진로와 연관된 주제 탐구 프로젝트 수업을 운영하는 방식이며, 두 번째는 단일 과목 내에서 수업량 유연화를 활용하거나 창의적 체험활동과 연계하여 심화 탐구 활동을 진행하는 것입니다. 이러한 수업을 통해 학생의 진로와 교과 수업을 연계하여 주제탐구 보고서 작성 등 심화 진로활동을 전개할 수 있습니다.

탐구(연구)보고서 활동은 정규 교육과정의 교과 성취기준에 따른 수업 중 심화 탐구주제로 관련 활동을 수행하며, 수업 중 탐구보고서 작성이 가능한 과목은 '수학과제탐구', '사회문제탐구', '융합과학 탐구', '과학과제 연구', '사회 과제 연구' 교과로 제한하며, '해당 교과의 세부능력 및 특기사항은 탐구 보고서명을 제외한 탐구보고서 활동의 특기사항을 기재할 수 있다'라고 명시하고 있습니다. 우리나라에서는 이 부분이 모두 과목별 세부능력 및 특기사항에 반영될 수 있기 때문에 특히 주목받고 있습니다.

우리나라도 IB의 CAS에 해당되는 창의적 체험활동이 있습니다. 창의적 체험활동이란 국가 수준의 초·중등 교육과정에서 교과 이외의 활동을 말합니다. 2015 개정 교육과정에 따르면, 창의적 체험활동은 자율활동, 동아리활동, 봉사활동, 진로활동의 4가지 영역으로 구성되어 있습니다. 창의적 체험활동 과정에서 학생들은 스스로 주제 선정 이유와 활동 기획 의도, 자료 수집 계획, 탐구방법, 참고도서 자료 수집, 결과 등을 보고서에 작성합니다. 또한 창의 주제 활동의 탐구 활동이나 진로 심화 활동을 프로젝트 활동으로 완성하기도 합니다. 그리고 교과 수업 연계탐구 활동이나 관심 주제 연계 동아리 활동으로 연동할 수 있습니다. 이러한 활동을 통해 비판적 사고력, 창의적 사고력, 자기주도 역량, 소통 및 협업 역량을 함양시키고자 합니다.

탐구보고서를 통해 스스로 관심 있는 분야에 대해 심도 있게 탐구해 보고 그 과정에서 진정한 학습의 성장이 일어날 수 있습니다. 보고서를 작성하기 위해 끊임없이 질문을 던져보고 비판적인 시각에서 사건을 바라보고, 창의적인 아이디어를 생산해내며, 조사하고 검색하면서 지식을 확장하고 재구성하는 과정을 거치게 됩니다. 그리고 아는 것에 그치지 않고 그것을 결과물로 만들어내 다른 사람과 공유를 통해 더 큰 발전을 도모하게 되는 것입니다.

IB의 교육철학은 나를 이해하고 주변과 함께 더 나은 세상을 꿈꾸고 성장해 나가는 미래형 인재를 양성하는 것입니다.

이제 더 이상 지식을 단순히 습득하는 데 그치면 안 된다는 것은 모두 인식하고 있습니다. 따라서 스스로 문제점을 인식하고 그 문제점을 공유하며 같이 해결해 나가려는 자세가 필요합니다. 그렇기 때문에 탐구하는 자세가 무엇보다 중요하고 그러한 교육철학을 잘 담고 있는 IB에 대해 살펴보면서 탐구와 탐구보고서의 역할에 대해 다시 한번 되새겨 봅시다.

04

학생부종합전형과 평가요소

2017년 6개 대학은 공동연구로 '학생부종합전형 공통 평가요소 및 평가항목'을 제시하였으며 많은 대학과 고등학교 현장에서 활용했습니다. 이후 크고 작은 변화가 학생부종합전형에 반영되었고, 그러한 상황에 맞추어 2022년 6개 대학은 새로운 'new 학생부종합전형 공통 평가요소 및 평가항목'을 발표했습니다.

2023학년도 입시를 준비하는 학생부터 부분 적용되어 2024학년도부터는 대부분의 대학에서 새로 제시한 내용을 기준으로 적용을 할 것이기 때문에 2022년 기준 고등학교 2학년 학생부터는 관심을 가지고 준비를 해야 할 것입니다.

이 책에서는 기존의 평가요소와 새롭게 제시된 'new 학생부종합전형 공통 평가요소 및 평가항목'이 어떤 부분에서 변화가 있었는지 그 맥락을 살펴보고 탐구보고서와 관련된 부분에 대하여 자세히 알아보도록 하겠습니다.

변경된 평가요소 및 평가항목

기존 평가요소 및 평가항목에서 2022년에 새롭게 제시된 평가요소 및 평가항목의 변경 최종안은 다음과 같습니다. 어떻게 개선되었는지 평가요소별로 확인해 봅시다.

학생부종합전형 평가요소 및 평가항목의 개선 방향

〈현행〉

평가 요소	평가항목
학업 역량	학업성취도
	학업태도와 학업의지
	탐구활동
전공 적합성	전공 관련 교과목 이수 및 성취도
	전공에 대한 관심과 이해
	전공 관련 활동과 경험
인성	협업 능력
	나눔과 배려
	소통능력
	도덕성
	성실성
발전 가능성	자기주도성
	경험의 다양성
	리더십
	창의적 문제해결력

⇨

〈개선〉

평가 요소	평가항목
학업 역량	학업성취도
	학업태도
	탐구력
진로 역량	전공(계열) 관련 교과 이수 노력
	전공(계열) 관련 교과 성취도
	진로 탐색 활동과 경험
공동체 역량	협업과 소통능력
	나눔과 배려
	성실성과 규칙준수
	리더십

출처 : '2021년 건국대 경희대 연세대 중앙대 한국외대 공동연구

　첫째, '학업역량' 부분에서는 크게 달라진 부분이 없습니다. 그중에서 몇 가지 달라진 부분을 살펴본다면, 탐구활동이 '탐구력'으로 용어 변경이 되었습니다. 활동이라 함은 참여를 통한 어떤 일의 성과를 거두기 위함을 말합니다. 하지만 단순 참여만으로는 학생들의 능력에 대한 평가가 어렵기 때문에 단순 참여를 넘어 '구체적인 성과'로 이어 갈 수 있는 능력을 강조하고자 하는 것입니다.

'학업역량'부분에서 큰 변화를 보이지 않는 이유는 대학에서의 학업은 고등학교 학업을 기본적으로 이수해야 한다고 보기 때문입니다. 다만, 평가 방법에 있어서 정량적인 결과중심의 평가가 아닌, 과정중심의 평가체제로 학업역량을 평가할 것이라는 부분을 유념해야 합니다.

학업역량 대학 교육을 충실히 이수하는 데 필요한 수학 능력 학업역량	1) 학업성취도
	고교 교육과정에서 이수한 교과의 성취수준이나 학업 발전의 정도
	– 대학 수학에 필요한 기본 교과목(예: 국어, 수학, 영어, 사회/과학 등)의 교과성적은 적절한가? 그 외 교과목(예 : 예술·체육, 기술·가정/정보, 제2외국어/한문, 교양 등)의 교과성적은 어느 정도인가? 유난히 소홀한 과목이 있는가? – 학기별/학년별 성적의 추이는 어떠한가?
	2) 학업태도
	학업을 수행하고 학습해 나가려는 의지와 노력
	– 성취동기와 목표의식을 가지고 자발적으로 학습하려는 의지가 있는가? – 새로운 지식을 획득하기 위해 자기주도적으로 노력하고 있는가? – 교과 수업에 적극적으로 참여해 수업 내용을 이해하려는 태도와 열정이 있는가?
	3) 탐구력
	지적 호기심을 바탕으로 사물과 현상에 대해 탐구하고, 문제를 해결하려는 노력
	– 교과와 각종 탐구활동 등을 통해 지식을 확장하려고 노력하고 있는가? – 교과와 각종 탐구활동에서 구체적인 성과를 보이고 있는가? – 교내 활동에서 학문에 대한 열의와 지적 관심이 드러나고 있는가?

둘째, '전공적합성'은 '진로역량'으로 바뀌었습니다. 처음부터 '전공적합성'이라는 용어는 많은 이슈가 있었습니다. 하나의 전공에 맞추어 고등학교 활동과 경험을 매우 협소하게 만든다는 문제점이 제기되었기 때문이죠. 즉, 학생들이 자신의 흥미와 관심에 따라 다양한 과목선택과 활동을 경험하도록 해야 하는데, '전공적합성'이라는 평가요소 때문에 그렇게 하지 못했다는 것입니다. 그래

서 개념을 확장한다는 의미에서 '진로역량'으로 변경해 학생들이 다양한 경험을 할 수 있도록 의미를 넓혀주게 된 것입니다.

진로역량 자신의 진로와 전공(계열)에 관한 탐색 노력과 준비 정도	**1) 전공(계열) 관련 교과 이수 노력**
	고교 교육과정에서 전공(계열)에 필요한 과목을 선택하여 이수한 정도
	– 전공(계열)과 관련된 과목을 적절하게 선택하고, 이수한 과목은 얼마나 되는가? – 전공(계열)과 관련된 과목을 이수하기 위하여 추가적인 노력을 하였는가? 　(예: 공동교육과정, 온라인수업, 소인수과목 등) – 선택과목(일반/진로)은 교과목 학습단계(위계)에 따라 이수하였는가?
	2) 전공(계열) 관련 교과 성취도
	고교 교육과정에서 전공(계열)에 필요한 과목을 수강하고 취득한 학업성취수준
	– 전공(계열)과 관련된 과목의 석차등급/성취도, 원점수, 평균, 표준편차, 이수단위, 수강자수, 성취도별 분포비율 등을 종합적으로 고려한 성취 수준은 적절한가? – 전공(계열)과 관련된 동일 교과 내 일반선택과목 대비 진로선택과목의 성취수준은 어떠한가?
	3) 진로 탐색 활동과 경험
	자신의 진로를 탐색하는 과정에서 이루어진 활동이나 경험 및 노력 정도
	– 자신의 관심 분야나 흥미와 관련한 다양한 활동에 참여하여 노력한 경험이 있는가? – 교과 활동이나 창의적 체험활동에서 전공(계열)에 대한 관심을 가지고 탐색한 경험이 있는가?

　셋째, 기존의 '인성'과 '발전가능성' 부분은 너무 넓은 의미를 가지고 있기에 평가하기 어려운 부분이 있었습니다. '발전가능성'의 경우 '학업역량'에서 중복적으로 평가될 수 있는 부분을 고려하여 폐기되었습니다. 그리고 개인과 사회, 행복한 삶을 추구하는 공동체 사회를 위해 학생 또한 사회 구성원으로서 역할을 수행할 수 있도록 하는 '공동체역량'으로 변경이 된 것입니다.

	1) 협업과 소통능력
공동체역량 공동체의 일원으로서 갖춰야 할 바람직한 사고와 행동	공동체의 목표를 달성하기 위해 협력하며, 구성원들과 합리적인 의사소통을 할 수 있는 능력
	– 단체 활동 과정에서 서로 돕고 함께 행동하는 모습이 보이는가? – 구성원들과 협력을 통하여 공동의 과제를 수행하고 완성한 경험이 있는가? – 타인의 의견에 공감하고 수용하는 태도를 보이며, 자신의 정보와 생각을 잘 전달하는가?
	2) 나눔과 배려
	상대방을 존중하고 이해하여 원만한 관계를 형성하며, 타인을 위하여 기꺼이 나누어 주고자 하는 태도와 행동
	– 학교생활 속에서 나눔을 실천하고 생활화한 경험이 있는가? – 타인을 위하여 양보하거나 배려를 실천한 구체적 경험이 있는가? – 상대를 이해하고 존중하는 노력을 기울이고 있는가?
	3) 성실성과 규칙준수
	책임감을 바탕으로 자신의 의무를 다하고, 공동체의 기본 윤리와 원칙을 준수하는 태도
	– 교내 활동에서 자신이 맡은 역할에 최선을 다하려고 노력한 경험이 있는가? – 자신이 속한 공동체가 정한 규칙과 규정을 준수하고 있는가?
	4) 리더십
	공동체의 목표 달성을 위해 구성원들의 상호작용을 이끌어가는 능력
	– 공동체의 목표를 달성하기 위해 계획하고 실행을 주도한 경험이 있는가? – 구성원들의 인정과 신뢰를 바탕으로 참여를 이끌어내고 조율한 경험이 있는가?

평가요소에 따른 역량별 활동

그럼 여기서 변경된 'new 학생부종합전형 공통 평가요소 및 평가항목'에서 어떻게 '탐구보고서' 활동을 해야 하는지 살펴볼까요? 앞서 몇 가지 확인할 부분이 있습니다.

첫째, 2025학년도부터 '자기소개서'가 폐지된다는 것은 알고 있을 것입니다. 자기소개서는 학교생활기록부에서 학생에 대한 이해가 부족하다거나 학생 스스로 자신에 대해 더 강조하고 싶을 때 유용하게 활용되었습니다. 그러한 자기

소개서가 폐지되면, 자기소개서만의 장점 활용을 할 수 없게 되고, 아울러 학교생활기록부에 작성되는 내용의 중요성은 그만큼 더 중요하게 되었다는 것입니다.

둘째, 수상경력, 독서활동 등 대학에 미제공되는 항목이 늘어나는 상황에서 학부모와 학생들은 자신을 나타내고 표현할 방법이 현저히 줄었다는 것입니다.

그렇다면 이러한 변화에 따라 새로운 대안으로 떠오른 '탐구보고서'의 필요성에 대해서 알아보도록 하겠습니다.

탐구보고서는 현재 학교에서 과목별로 수행평가, 대회, 과목유연화 활동 등 다양하게 적용이 되고 있습니다. 학교생활기록부에도 창의적 체험활동, 세부능력 및 특기사항 등에 다양한 활동 내용이 기록되고 있습니다. 이러한 탐구보고서는 학생부종합전형에서 매우 중요하다고 볼 수 있습니다. 그 예를 몇 가지 들어볼까요?

첫째, 학업역량의 평가항목 중에서 탐구력이 있다는 것을 앞에서 확인하였습니다. 여기서 탐구력의 정의는 '지적 호기심을 바탕으로 사물과 현상에 대해 탐구하고, 문제를 해결하려는 노력(건국대 외, 2022)'이라고 하였습니다.

학업역량은 교과 학습뿐만 아니라 관심 분야에 대한 적극적인 독서활동, 글쓰기, 탐구 및 연구 활동, 실험 실습, 교내대회 참여 등 다양한 학습경험을 통해 향상되는 것입니다. 여기서 탐구력은 고차원적인 학업역량을 보여주는 필수요소(건국대 외, 2022)라고 하였습니다. 즉, 미반영되는 수상실적, 독서활동 등의 활동을 하지 않아도 된다는 것이 아니라, 탐구력을 위해서 탐구활동을 하는 과정에 활용을 해야 한다는 것입니다. 이러한 내용이 기록되고 작성되어 제출하게 되는 것이 '탐구보고서'입니다.

대학 교육을 충실히 이수하는 데 필요한 수학 능력

1) 학업성취도

정의	고교 교육과정에서 이수한 교과의 성취수준이나 학업 발전의 정도
세부 평가 내용	– 대학 수학에 필요한 기본 교과목(예: 국어, 수학, 영어, 사회/과학 등)의 교과성적은 적절한가? 그 외 교과목(예: 예술·체육, 기술·가정/정보, 제2외국어/한문, 교양 등)의 교과성적은 어느 정도인가? 유난히 소홀한 과목이 있는가? – 학기별/학년별 성적의 추이는 어떠한가?

2) 학업태도

정의	학업을 수행하고 학습해 나가려는 의지와 노력
세부 평가 내용	– 성취동기와 목표의식을 가지고 자발적으로 학습하려는 의지가 있는가? – 새로운 지식을 획득하기 위해 자기주도적으로 노력하고 있는가? – 교과 수업에 적극적으로 참여해 수업 내용을 이해하려는 태도와 열정이 있는가?

3) 탐구력

정의	지적 호기심을 바탕으로 사물과 현상에 대해 탐구하고, 문제를 해결하려는 노력
세부 평가 내용	– 교과와 각종 탐구활동 등을 통해 지식을 확장하려고 노력하고 있는가? – 교과와 각종 탐구활동에서 구체적인 성과를 보이고 있는가? – 교내 활동에서 학문에 대한 열의와 지적 관심이 드러나고 있는가?

둘째, '진로역량'의 진로탐색 활동과 경험에서 '탐구보고서'가 매우 중요해졌습니다. 진로는 학교생활기록부의 자율활동, 동아리활동, 진로활동, 교과수업 활동 등 다양한 활동을 통해서 탐색해 볼 수 있고 기록이 될 수 있습니다. 학생 선택형 교육과정으로 발표, 토론, 주제탐구, 과제연구, 실험 등 학생 참여형 교과활동(수업)이 활성화되면서 세부능력 및 특기사항 기록에 지원 전공과 관련된 교과활동(건국대 외, 2022) 내용이 포함됩니다. 전공에 관심이 있으면 깊이 있는 탐구를 하게 됩니다. 탐구에 대한 과정의 기록이 '탐구보고서'인 것입니다. '진로 역량'에서 탐구보고서에 대한 필요성은 다음 표에서 참조 바랍니다.

자신의 진로와 전공(계열)에 관한 탐색 노력과 준비 정도

1) 전공(계열) 관련 교과 이수 노력

정의	고교 교육과정에서 전공(계열)에 필요한 과목을 선택하여 이수한 정도
세부 평가 내용	– 전공(계열)과 관련된 과목을 적절하게 선택하고, 이수한 과목은 얼마나 되는가? – 전공(계열)과 관련된 과목을 이수하기 위하여 추가적인 노력을 하였는가? (예: 공동교육과정, 온라인수업, 소인수과목 등) – 선택과목(일반/진로)은 교과목 학습단계(위계)에 따라 이수하였는가?

2) 전공(계열) 관련 교과 성취도

정의	고교 교육과정에서 전공(계열)에 필요한 과목을 수강하고 취득한 학업성취 수준
세부 평가 내용	– 전공(계열)과 관련된 과목의 석차등급/성취도, 원점수, 평균, 표준편차, 이수단위, 수강 자수, 성취도별 분포비율 등을 종합적으로 고려한 성취 수준은 적절한가? – 전공(계열)과 관련된 동일 교과 내 일반선택과목 대비 진로선택과목의 성취수준은 어떠한가?

3) 진로 탐색 활동과 경험

정의	자신의 진로를 탐색하는 과정에서 이루어진 활동이나 경험 및 노력 정도
세부 평가 내용	– 자신의 관심 분야나 흥미와 관련한 다양한 활동에 참여하여 노력한 경험이 있는가? – 교과 활동이나 창의적 체험활동에서 전공(계열)에 대한 관심을 가지고 탐색한 경험이 있는가?

셋째, '공동체역량'에서도 '탐구보고서'는 매우 중요합니다. 탐구보고서 작성은 개인이 진행하는 것도 있지만, 내용이 많거나 다양한 분야의 내용이 함께 적용되어야 한다면 여럿이 모둠을 만들어 진행도 가능합니다. 모둠 활동을 하려면 '공동체역량'에서 요구하는 협업, 소통, 배려, 리더십 등이 모두 필요합니다. 공동체역량에서 요구하는 평가항목은 다음 표에서 참조바랍니다.

공동체의 일원으로서 갖춰야 할 바람직한 사고와 행동

1) 협업과 소통능력

정의	공동체의 목표를 달성하기 위해 협력하며, 구성원들과 합리적인 의사소통을 할 수 있는 능력
세부 평가 내용	– 단체 활동 과정에서 서로 돕고 함께 행동하는 모습이 보이는가? – 구성원들과 협력을 통하여 공동의 과제를 수행하고 완성한 경험이 있는가? – 타인의 의견에 공감하고 수용하는 태도를 보이며, 자신의 정보와 생각을 잘 전달하는가?

2) 나눔과 배려

정의	상대방을 존중하고 이해하여 원만한 관계를 형성하며, 타인을 위하여 기꺼이 나누어주고자 하는 태도와 행동
세부 평가 내용	– 학교생활 속에서 나눔을 실천하고 생활화한 경험이 있는가? – 타인을 위하여 양보하거나 배려를 실천한 구체적 경험이 있는가? – 상대를 이해하고 존중하는 노력을 기울이고 있는가?

3) 성실성과 규칙준수

정의	책임감을 바탕으로 자신의 의무를 다하고, 공동체의 기본 윤리와 원칙을 준수하는 태도
세부 평가 내용	– 교내 활동에서 자신이 맡은 역할에 최선을 다하려고 노력한 경험이 있는가? – 자신이 속한 공동체가 정한 규칙과 규정을 준수하고 있는가?

4) 리더십

정의	공동체의 목표 달성을 위해 구성원들의 상호작용을 이끌어가는 능력
세부 평가 내용	– 공동체의 목표를 달성하기 위해 계획하고 실행을 주도한 경험이 있는가? – 구성원들의 인정과 신뢰를 바탕으로 참여를 이끌어내고 조율한 경험이 있는가?

탐구보고서
이해와 작성법

01

탐구보고서를 통한 역량 함양

탐구보고서는 정확하게 어떤 것일까요? 탐구보고서는 교과·비교과 활동 중 특정 주제에 대해 스스로 자료를 찾아 충분히 공부한 후에 논리적으로 서술하여 제출하는 일종의 소논문 형식의 보고서입니다. 탐구보고서의 교육적 목표는 수업 관련 서적이나 자료를 읽음으로써 심화, 확장된 지식을 얻게 하기 위함이며, 하나의 주제에 대해 스스로 조사하고 탐구하는 능력을 기르기 위함입니다. 또 학문에 대한 비판적 안목을 기르고 자신의 견해를 논리적으로 전개하는 능력을 기르는 데 목적이 있습니다.

탐구보고서를 통해 얻을 수 있는 것

(1) 탐구보고서가 남겨준 것

가) 무엇을 탐구할지 다양한 탐색이나 토론을 통해 고민한 흔적

　　(개인별/팀별 탐구과제)

나) 어떤 과정을 거쳐야 결과를 얻을 수 있을지 고민한 흔적

다) 단계별 과정을 거치며 새로운 지식이나 정보, 이론을 찾으려고 노력한 흔적

라) 하나의 결과를 얻기 위해 직접 탐문하고 찾아 다니며 조사한 흔적

마) 함께 아웅다웅하면서도 이해와 협동으로 조화롭게 끝까지 과정을 함께한 흔적(팀별 탐구과제)

바) 끝까지 포기하지 않고 자기 주도적으로 문제해결 능력을 발휘하며 끈기
　　와 인내로 결과물을 도출해낸 흔적
사) 나도 할 수 있다는 열정, 자신감

(2) 탐구보고서 쓰기의 좋은 점

가) 관심과 적성, 끼의 발견 :

　　탐구의 출발점을 나의 관심사, 하고 싶은 것, 되고 싶은 것이 무엇인지로
　　시작하기 때문에 고민이 진지해진다.

나) 지식과 시야의 확대 :

　　탐구주제 선정과정을 통해 관심사를 열거하면서 또 좁혀가게 될 뿐만 아
　　니라 자신에게서 세계로 관심사와 궁금한 것을 정리하고 확대하게 된다.
　　이런 과정에서 다양한 분야의 지식을 자연스럽게 습득할 수 있다.

다) 자기 주도적인 문제해결 능력 :

　　자신의 주제에 맞는 수많은 자료와 정보가 어디에 있는지 찾아내고, 또
　　어떻게 수집하고 조사해야 하는지를 고민하는 과정에서 문제해결 능력
　　을 키우게 된다. 분석한 자료를 정리하고, 근거와 논리를 제시해 가며 논
　　문형식에 맞게 글로 써야 하는데 이와 같이 자료나 정보를 해석하고 적
　　용하는 과정에서 개개인의 창의성을 발휘할 수 있다.

라) 끈기와 인내, 협동과 조화 능력

마) 나도 할 수 있다는 자신감

02

다양한 탐구보고서 작성법
(교과 연계: 사회문화)

질적 연구법

질적 연구의 탐구 절차는 양적 연구와 마찬가지로 연구자의 문제 인식에서 시작됩니다. 하지만 질적 연구의 목적은 법칙 발견이 아니라 사회·문화 현상의 함축된 의미를 이해하고 해석하는 것이므로 양적 연구의 탐구 절차와 달리 가설을 세우지 않는 것이 일반적입니다. 질적 연구는 연구의 특성상 현상을 있는 그대로 관찰해야 하므로 가설을 설정하면 오히려 연구의 폭을 제한하여 현상을 이해하는 데 방해가 될 수 있기 때문입니다.

연구 주제가 정해지면 연구 설계를 통해 연구 대상과 연구 기간을 정하고 자료 수집 방법을 선택합니다. 질적 연구에서는 현상의 이해와 해석에 도움이 되는 심층적인 자료가 필요하므로 주로 면접법이나 참여관찰법을 활용합니다. 이때 자료는 대체로 녹음, 기록, 촬영 등으로 수집합니다. 자료를 수집한 후에는 직관적 통찰과 감정 이입적 이해를 통해 자료 해석이 이루어집니다. 그리고 마지막 단계에서는 자료를 바탕으로 해석한 행위자의 주관적 세계가 가지는 의미를 종합하여 결론을 도출합니다. 또한 연구 대상을 이해하는 새로운 관점을 제시하거나 대안적 이론을 제안하기도 합니다.

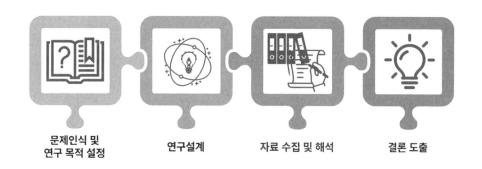

문제인식 및
연구 목적 설정   연구설계   자료 수집 및 해석   결론 도출

[그림] 질적 연구법 작성 순서

📍 문헌연구법

문헌 연구법은 기존의 연구 결과물이나 통계 자료, 기록물 등의 2차 자료를
수집하는 방법입니다. 문헌 연구법은 최근 연구 동향이나 현재까지의 연구 성과
를 살펴본다는 점에서 모든 연구의 기초가 되기도 합니다. 그리고 시·공간적 제
약을 극복하여 자료를 수집할 수 있고, 직접 조사하는 것보다 시간과 비용이 적
게 듭니다. 그러나 문헌의 신뢰도에 문제가 있으면 연구 자체에 문제가 생길 수
있고, 문헌을 해석하는 과정에서 연구자의 주관이 개입될 수 있습니다.

📍 인터뷰(면접)법

면접법은 연구자가 조사 대상자와 대화를 통해 자료를 수집하는 방법입니다.
일반적으로 면접법은 심층적인 조사를 위해 소수를 대상으로 하는데, 신뢰 관계
를 기반으로 허용적인 분위기를 조성하는 것이 조사 목적 달성에 중요한 역할
을 합니다. 또한 문맹자에게도 실시할 수 있고, 무성의한 응답이나 악의적인 응
답을 줄일 수 있습니다. 그리고 연구자가 더 알고 싶은 내용을 추가로 질문할 수
있고, 깊이 있는 정보를 수집할 수 있습니다. 하지만 시간과 비용이 많이 들고,

조사 주제에 부합하는 소수의 전형적인 조사 대상자를 선정하는 것이 어렵습니다. 또한 연구자의 편견이나 주관적 가치가 개입할 우려가 큽니다.

📍 참여관찰법

참여관찰은 연구자가 연구하는 대상과 함께 활동하면서 진행 과정에서 일어나는 현상을 직접 관찰하고 자료를 수집하는 것입니다. 이는 세부적으로 4가지로 나누어 볼 수 있습니다. 첫째, 완전 참여자 참여관찰법, 둘째, 관찰자로서의 참여자 참여관찰법, 셋째, 참여자로서의 관찰자 참여관찰법, 넷째, 완전 관찰자 참여관찰법입니다. 각각에 대해서 간단히 살펴보면 다음과 같습니다.

첫째, 완전 참여자 참여관찰법은 관찰자가 연구 모둠의 일원으로 참여하되, 목적을 숨기고 자료를 수집하는 것입니다.

둘째, 관찰자로서의 참여자 참여관찰법은 연구 모둠에 참여하는 목적이 연구를 위함과 관찰하며 자료를 수집한다는 이중 역할에 있습니다. 다만, 여기서 더 중요시 하는 것은 연구에 관련한 참여는 없고 지켜보면서 자료를 수집하는 행위에 중점을 둡니다.

셋째, 참여자로서의 관찰자 참여관찰법은 연구 모둠에 참여하는 목적이 연구를 위함과 관찰하며 자료를 수집한다는 이중 역할에 있습니다. 다만, 여기서 더 중시하는 것은 연구로서의 모둠 참여입니다.

넷째, 완전 관찰자 참여관찰법은 연구 모임에 정체를 드러내지 않으며 직접적인 참여없이 비디오 촬영 등을 통해서 자료를 수집하는 것입니다.

여기서 몇 가지 주의할 점이 있습니다. 연구자는 참여하는 동안 상황에 대해서 객관적인 입장에서 바라보아야 합니다. 또한 연구 모임에 참여 중인 대상자들의 표정과 몸짓 하나도 놓치지 않기 위해서 집중해야 합니다. 그리고 과정에 참여하는 것이다 보니 짧은 시간에 얻고자 하는 자료를 모두 얻기가 힘듭니다. 그렇기 때문에 많은 시간을 투자해야 한다는 것을 명심해야 합니다.

양적 연구법

양적 연구의 탐구 절차는 사회·문화 현상에 관해 "이러한 현상은 왜 일어날까?"라는 문제 인식에서 시작합니다. 그 다음으로 연구자는 이 주제와 관련 있는 기존의 이론과 연구물을 검토하여 가설을 설정합니다. 가설을 설정한 다음에는 연구 대상과 연구 기간, 자료 수집 방법 등을 정하는 연구 설계가 이루어지는데, 양적 연구에서는 질문지법이나 실험법 등과 같이 수량화된 자료 수집이 용이한 방법을 주로 사용합니다.

이러한 계획에 따라 자료를 수집한 후에는 대체로 통계 기법을 이용해 분석하고 가설을 검증합니다. 이때 자료 분석 결과와 가설이 일치하면 가설을 수용하고 일치하지 않으면 가설을 기각합니다. 이를 토대로 결론을 도출하고, 가설이 입증되면 가설을 모집단 전체에 적용하는 일반화를 시도함으로써 연구를 마칩니다.

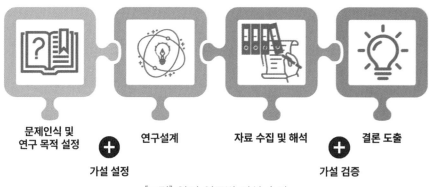

문제인식 및
연구 목적 설정 ➕ 가설 설정   연구설계   자료 수집 및 해석 ➕ 가설 검증   결론 도출

[그림] 양적 연구법 작성 순서

📍 설문지법

조사하고자 하는 내용에 관한 질문지를 작성한 후 조사 대상자가 그 질문지에 답하게 하는 방법으로, 가장 흔히 사용하는 자료 수집 방법의 하나입니다. 조사 대상자를 직접 찾아가 조사하거나 우편 또는 전화, 인터넷을 이용하여 조사하기도 합니다. 질문지법은 비교적 짧은 시간에 많은 사례를 대량으로 조사하기 쉬워 상대적으로 시간과 비용이 절약됩니다. 또한 같은 항목으로 여러 사람을 조사하여 통계적으로 분석하기 쉽습니다. 하지만 질문지 회수율이나 응답률이 낮은 편이고, 조사 대상자가 무성의하게 응답하거나 질문의 내용을 잘못 이해하고 응답할 수 있습니다. 또한 문맹자에게 활용하기 어렵고, 조사 대상자가 질문지의 항목에 국한하여 응답하므로 깊이 있는 정보를 얻기 어렵습니다.

🔎 실험법

가상의 상황을 설정하여 인위적인 자극을 가한 다음 그 효과를 측정하여 자료를 수집하는 방법입니다. 이를 위해 두 개 혹은 여러 개의 집단으로 나눈 뒤 특정 집단에만 인위적인 자극을 가한 후 다른 집단의 결과와 차이를 비교합니다. 이때 인위적인 자극을 가한 집단을 실험 집단, 비교 대상이 되는 집단을 통제 집단이라고 하며, 인위적인 자극이 된 변수를 독립 변수, 독립 변수의 영향을 받는 변수를 종속 변수라고 합니다.

독립 변수와 종속 변수 간의 관계를 명확히 확인하기 위해서는 독립 변수 이외의 다른 변수가 종속 변수에 영향을 미치지 않도록 해야 합니다. 예를 들어 안전 교육이 교통 법규 위반 건수에 미치는 영향을 알아보기 위해 안전 교육을 시행한 실험 집단과 안전 교육을 시행하지 않은 통제 집단을 구성하였다고 합시다. 이때 종속 변수인 교통법규 위반 건수에는 독립 변수인 안전 교육 이외에도 운전자의 나이, 운전 경력, 준법정신 등의 차이가 영향을 줄 수 있습니다. 그러므로 연구자는 이러한 변수가 두 집단에서 차이가 나지 않도록 동질성을 확보하고 잘 통제해야 합니다.

실험법은 인과 관계를 비교적 정확하게 파악할 수 있어 법칙 발견에 유리합니다. 하지만 인간이 실험 대상이므로 윤리적인 문제를 낳을 수 있고, 완벽히 통제된 실험이 어렵다는 한계가 있습니다.

혼합 연구법

연구의 성격이나 목적에 따라 질적연구방법과 양적연구방법을 모두 사용해야 하는 경우가 있습니다. 예를 들어 정책에 관한 국민의 선호도를 연구할 때는 설문지법, 결혼 이민자의 심리 상태를 연구할 때는 심층 면접법, 도시의 인구 현황을 연구할 때는 문헌 연구법이 적절할 것입니다. 또한 하나의 연구 주제에도 여러 가지 연구 방법을 사용하여 더욱 풍부한 연구 결과를 얻을 수 있습니다. 예를 들어 인터넷 중독의 원인과 양상을 연구할 때 질문지를 만들어 자료를 수집하는 한편, 일부 인터넷 중독자를 면접하여 심층적인 자료를 수집할 수 있습니다.

따라하며 배우는 탐구보고서

현재 탐구 계획서 양식은 매우 다양합니다. 정해진 양식이 없기 때문에 어떤 것이 맞다고 말할 수는 없습니다. 하지만 양식지를 어떻게 만들어서 사용하느냐에 따라 많은 학생이 쉽게 탐구보고서에 접근할 수 있습니다. 그래서 다양한 양식지 제작과 적용(실습)을 통해서 만든 연구(탐구) 계획서를 공개합니다. 자유롭게 사용하여 학생, 교사, 강사 분들에게 도움이 되고자 합니다.

탐구 계획서

학번 : _____

이름 : _____

1. 탐구 형식*

☐ 질적연구 ☐ 양적연구 ☐ 혼합연구(질적연구 + 양적연구)

→ 탐구 형식에는 크게 세 가지로 나눌 수 있습니다. 본인이 어떤 형식의 연구법을 선택할 것인지 체크 박스를 통해 쉽게 표시할 수 있도록 했습니다.

2. 주제선정*

→ 보고서에서 주제는 매우 중요합니다. 시작할 때 생각한 주제가 있으면 바로 적도록 합니다. 다만, 아직 주제를 정하지 못한 학생은 뒤에 나오는 빈칸을 먼저 채우면서 생각해도 좋습니다. 자세한 방법은 아래 '주제 작성 Tip'과 '주제 구체화하기'를 참고하기 바랍니다.

주제 작성 Tip

주제 작성법 참고

- 국립중앙과학관, DBpia, RISS 그외 사이트는 부록4 참조

주체 구체화 하기

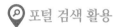 포털 검색 활용

특징 : 가장 편리하게 접근할 수 있으며, 많은 자료를 다양하게 찾아볼 수 있습니다. 다만, 검증되지 않는 자료가 많다는 것을 명심해야 합니다.

출처: 네이버, 다음, 구글

⊙ 네이버 캐스트 활용

특징 : 카테고리별로 찾고자 하는 내용의 접근이 매우 용이합니다.

네이버캐스트

네이버캐스트 14,495건

건축기행 208	게임의 세계 191	공연스테이지 297
교양 경제학 334	교양 인문학 7	매일의 디자인 838
문학 광장 1,093	문화유산 420	미술의 세계 1,177
상식백과 449	스포츠월드 397	아름다운 한국 795
오늘의 과학 1,826	음식과 요리 283	음악의 선율 909
인물과 역사 1,969	일상의 심리학 247	지구촌 산책 408
지서재, 지금의 나를 만든 … 120	철학의 숲 208	취미의 발견 365
테크놀로지월드 987	파워라이터 ON 492	화제의 인물 289
헬로! 아티스트 187		

⊙ 원문정보서비스-한국의 지식 콘텐츠(www.krpia.co.kr)

특징 : 고등학교 수준의 인문·사회계열 진학을 희망하는 학생들에게 도움이 되는 사이트로 별도의 검증이 필요 없는 이미 검증받은 컨텐츠입니다. 다만, 유료 서비스임을 잊지 말아야 합니다.

주제 확장하기

📍 포털사이트에서 키워드 연관 검색어를 통한 확장

키워드로 검색 시 포털사이트에서 키워드와 연결되어 검색되는 다양한 주제를 확인할 수 있고 이용할 수 있습니다.

출처 : 네이버

출처 : 구글

⚲ 브레인 스토밍(마인드 맵)을 통한 확장

하나의 키워드를 중심으로 내가 알고 있는 혹은 친구들과 이야기를 주고받으며 떠오르는 다양한 단어를 적어 보는 방법으로 질보다는 양이 중요합니다. 꼬리에 꼬리를 무는 다양한 내용의 단어가 나오도록 열린 마인드로 접근해야 합니다.

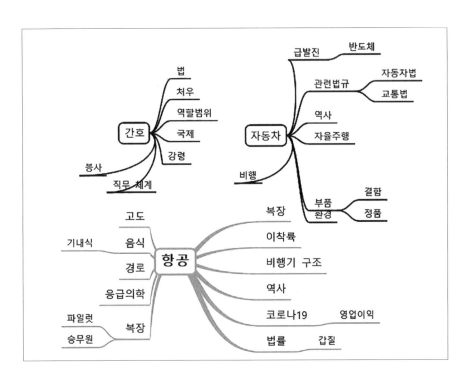

융합 주제 선정하기

⚲ 다양한 키워드를 통한 확장(워드 클라우드)

한 가지 주제에 대한 연관되는 다양한 키워드를 워드 클라우드를 통하여 확인하고 또 다른 키워드와 연계하여 주제를 만드는 데 사용할 수 있습니다.

오늘의 키워드 ⑦

분석 대상 뉴스 515건

🕐 분석기준 2022.08.17(수) 00:00

전체 | 정치 | 경제 | 사회 | 문화 | 국제 | 지역 | 스포츠 | IT 과학

● 인물 ● 장소 ● 기관

국토교통부 제주 윤석열 이소희
인천 경기도 중소벤처기업부 수도권 자원 정양석
경기 전주 창원 주호영
중국 환경부 창원시 전주혜
성일종 밀양
한국은행 미국 일본 대전 민주당 충남대
권성동 경남 엄태영 인천시 대한민국 여의도
행정안전부 이준석 한국 스페인 현대 충남 국민의힘 새누리당
국회 이재명 경남FC 제주도 광주 최재민 유튜브
전주시 교육부

다운로드 ⬇

출처 : 빅카인즈

최근 최신 공부 모델링 형태 첨단 인터넷 각종
요구 터득 관심 생활 가상현실 밀접 사조 높 배양
지향 순서 건축학 하루 휴식 지각력 도면 디자인
분 사물학원 이용 건축물 프린터 미술
실현 업적 드론 수집 기
측량 조경 예술 견학 자료
현상 접목 문화 편안 건축 축물 우리영향 학교
인간 용도수목 검토
주요 유 편리 상세도식재 설계 시설물 방향
역사 실내 상점 시공 쇼핑 공간 사용자 과제
인재 외부 판별 식사 증강현실 직장
보호 인공지능 법규 일상 반영 인문학
적용 감각 제시 부분 소재 결정 종합 컴퓨터 방식

출처 : 메이저맵

69

키워드 : 가상현실, 인공지능(AI), 증강현실

주제 : AI를 통한 건축의 발전과 건축 분야에서 가상현실과 증강현실의 발전에 관한 탐구

예시2)

키워드 : 인간, 예술, 문화, 역사

주제 : 예술가가 건축물에 담고 싶은 것은 역사적으로 동서양에 어떻게 나타났을까?

예시3)

키워드 : 건축, 식사, 쇼핑, 조경, 시설물

주제 : 쇼핑몰 구조의 비교 분석에 관한 연구: 식사와 조경을 중심으로

키워드와 다양한 자료를 통한 주제찾기

키워드 : 자폐

보도자료

: 보건복지부 보도자료/ 자폐성 장애아동 치료를 위한 정부 차원의 첫 센터 개소(13년 11월)

발달장애치료 및 교육 전문가들이 '자폐스펙트럼장애에 대한 이해와 행동 발달증진 지원 방안'을 주제로 하는 심포지엄을 통해 발달장애아의 문제행동에 대한 치료방안을 모색하고자 마련되었다. 지적장애, 자폐성장애 등 발달장애를 가진 장애인은 평생 삶의 전 영역에서 특별한 지원이 필요한 대상이나 기타 장애 유형에 비해 그간의 지원은 부족한 상황으로 부모 등 가족이 많은 부담을 담당

하고 있는 상황이다.

학술자료

: 자폐스펙트럼장애 치료 시스템에서 정서 인지를 위한 뇌파 분석 방법/ 제어로봇시스템학회 국내학술대회 논문집/ 윤현중, 정성엽 교수

자폐스펙트럼장애 아동은 일반적으로 사회적 관계나 상호작용에 어려움을 갖는 특징을 가지고 있으며, 그 발생 빈도가 약 91명당 1명 정도로 매우 높음에도 불구하고, 자신의 감정 상태를 제대로 표현하지 못하는 자폐 아동의 특성상 교육 및 치료에는 많은 제약이 있다. 본 논문에서는 Chung과 Yoon이 제시한 자폐스펙트럼장애 치료 시스템에서 뇌파를 이용한 정서 인지의 가능성을 검증하기 위한 초기 분석 결과를 제시한다.

영상 미디어자료

: https://www.youtube.com/watch?v=DPfuwSGq0ck / 채널A 캔버스 유튜브 채널

말문 트이지 않는 우리 아이, 자폐 스펙트럼일까요? [오은영쌤 육아지침서], 언어 지연·자폐 스펙트럼은 양육 방법도 상이하다? 그 누구보다 아이가 편안하길 바랐을 엄마, 씩씩하게 다잡은 마음이 한순간 무너져 내리는데...

주제 : 자폐 스펙트럼의 복합적 원인 분석 및 치료 방법 탐구에 대한 고찰

3. 교과목 연계(사진 삽입 가능)

교과목 및 단원명		교과명	단원명
	1		
	2		

→ 탐구보고서는 학교 수업시간에 집중하고 과목 및 단원과 나의 진로가 융합 연계되는 부분에 대해서 깊이 있는 학습을 하는 것입니다. 또한 이것이 내가 보고서를 작성하게 되는 동기의 시발점이 됩니다.

(교과목과 연관이 어려운 상황이라면 보고서 작성 전 담임 선생님께 말씀을 드리고 소통을 통하여 진로활동 또는 자율활동에 기록이 될 수 있도록 합니다.)

4. 동기 및 호기심(질문하기, 문제 제기 등)*

→ 왜 이런 주제를 선정하였는지, 무엇이 궁금하여 해결해 보고 싶었는지, 무엇을 알아보고 싶은 것인지 등의 내용을 적어 봄으로써 자신이 진행하고자 하는 깊이 있는 탐구의 출발점을 생각해 보는 시간이 될 것입니다.

5. 키워드(검색어)*

키워드 검색 Tip

- 빅카인즈, 메이저맵, 사이언스타임즈, DBpia, RISS, 구글

→ 내 보고서가 웹상에 있다면 누군가는 포털사이트 검색을 통해 이 보고서를 찾아낼 수 있을 것입니다. 이때 검색창에 입력하는 단어는 보고서의 주제와 밀접한 관계가 있어야 합니다.

6. 목적 및 필요성*

→ 깊이 있는 탐구는 왜 하는지, 목적이 있거나 어디에 필요가 있을지 생각하고 진행해야 합니다. 많은 시간과 노력이 필요한 보고서 작성이 아무런 가치가 없다면 작성의 의미가 없습니다.

7. 세부 연구방법(1번에서 해당하는 부분에 작성하세요.)

1) 질적연구
☐ 질문법 ☐ 문헌연구 ☐ 인터뷰(면접법) ☐ 참여관찰법

2) 양적연구

☐ 설문지법 ☐ 실험 방법

(1) 탐구설계

	내용	비고
재료(도구)		
조사 대상		
조사 기간		
자료 분석(해석)		
가설설정		

3) 혼합연구(질적연구 + 양적연구)

☐ 질문법 ☐ 문헌연구 ☐ 인터뷰(면접법) ☐ 참여관찰법

☐ 설문지법 ☐ 실험 방법

(1) 탐구설계

	내용	비고
재료(도구)		
조사 대상		
조사 기간		
자료 분석(해석)		
가설설정		

→ 이 부분은 내가 어떤 연구방법을 선택했는지에 따라 작성 여부가 달라집니다. 가령 양적연구, 혼합연구를 진행했다면 위의 내용을 채워가면서 진행하면 도움이 될 것입니다. 다만, 질적연구 방법을 선택했다면 이 부분은 넘어가도 무난합니다.

8. 기대효과*

→ 모든 보고서를 마무리했을 때, 어떤 기대를 할 수 있는지 적어 봅니다. 나의 탐구가 문제해결에 도움이 될 것인지, 긍정적인 영향을 줄 수 있을 것인지 등 긍정적인 방향으로 생각해 보고 적어보기 바랍니다.

9. 제언 및 한계점(후속 탐구)

→ 탐구는 100% 완벽한 것이 없습니다. 부족한 부분이 있고, 제한이 있는 탐구가 진행되는 경우가 많습니다. 그렇기 때문에 지금 보고서를 작성하면서 말하고자 하는 것을 적어보고, 추후에 연계된 탐구를 하고자 할 때, 현재 탐구에서 부족했던 부분을 이야기해서 좋은 후속 탐구가 이루어질 수 있도록 하면 좋겠습니다.

10. 개요(목차)구성

```
Ⅰ. 서론



Ⅱ. 본론



Ⅲ. 결론


```

→ 교과서나 도서, 문제집 등의 앞쪽에 보면 책의 목차가 나와 있습니다. 목차를 보면 책의 구성을 알 수 있고, 무슨 내용이 어디에 기록되어 있는지 알 수 있습니다. 계획서에 이러한 목차를 작성해 보기 바랍니다.

11. 참고문헌

→ 보고서는 나의 주장과 객관적인 근거로 작성됩니다. 즉, 얼마나 신뢰도가 있는 자료를 바탕으로 작성이 되었는지가 중요합니다. 자신이 찾아보고 보고서에 증거로 사용된 것은 참고문헌(자료)에 그 출처를 남겨야 합니다. 작성 방법에는 APA와 Chicago 스타일이 많이 사용됩니다. 선택은 자유롭게 하면 됩니다. 다만, 방법을 섞어서 사용을 하면 안 됩니다. 작성법에 대한 자세한 방법은 [부록]을 참고하기 바랍니다.

🔍 사회 이슈와 관련 있는 주제(계열 연계 방법)

계열 안내

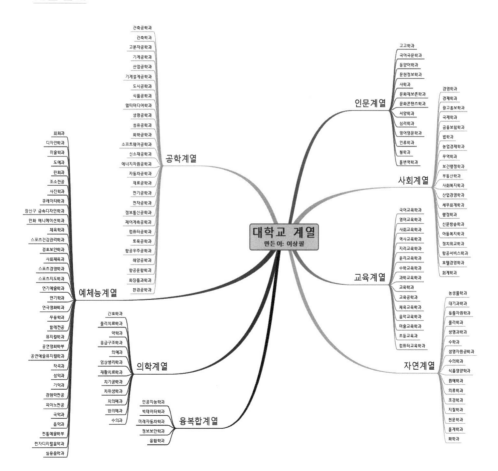

탐구 계획서

학번 : _____

이름 : _____

1. 탐구 형식

■ 질적연구 □ 양적연구 □ 혼합연구(질적연구 + 양적연구)

→ 질적연구를 통한 탐구는 탐구 대상에 대한 문제인식과 의문에서 시작합니다. 본 탐구 보고서는 전쟁의 역사에서 비롯된 것 가운데 '변화와 발전'이라는 측면에서 제작된 자료를 바탕으로 정리하는 연구입니다.

2. 주제선정

우크라이나-러시아 전쟁을 통해 살펴보는 전쟁이 인류 역사에 끼친 영향 : 정치, 사회, 경제, 의과학적 측면의 변화를 중심으로

→ 최근 이슈가 되고 있는 우크라이나-러시아 전쟁에서 모티브를 얻어 전쟁을 하게 되는 이유부터 시작해 전쟁이 인류사에 끼친 영향과 이를 기반으로 변화하고 발전한 측면을 주된 내용으로 연구할 것입니다.

3. 교과목 연계(사진 삽입 가능)

교과목 및 단원명		교과명	단원명
	1	세계사	전후 세계정세가 변화되다
	2	사회문화	전지구적 수준의 문제와 지속 가능한 사회
	3	정치와 법	국제문제와 국제기구

→ 교과 연계를 통해 연구의 목적과 동기를 분명히 할 수 있습니다. 2~3학년 과정에서 배우게 되는 세계사, 사회문화 과목의 단원을 연계해 교과서의 내용을 심화 확장하여 학습하는 과정을 보여줄 수 있습니다.

4. 동기 및 호기심(질문하기, 문제 제기 등)

우리는 교과서로부터 전쟁은 많은 피해를 낳는다고 배워왔다.
하지만 '전쟁의 소용돌이 속에서 피해를 줄이고, 이기는 전쟁으로 이끌고자 고민하는 과정에서 변화된 것과 나아진 것은 무엇일까?'라는 고민에서 본 연구를 하게 되었다.

→ 어렸을 때부터 전쟁은 일어나면 안 되는 것이고, 전쟁으로 인한 피해는 너무나 비참한 것이라고 배워왔지만, 교과 수업 중 전쟁 이후 어떤 변화를 가져왔는가를 살펴보면서 이에 대한 사례연구를 통해 전쟁이 인류사에 끼친 영향을 확인해 보고자 했습니다.

5. 키워드

전쟁	피해	발전	정치	경제
의과학	군사학			

→ 본문에서 다루는 내용의 핵심어를 정리하여 해당 연구의 방향과 내용의 이해를 돕고, 탐구보고서의 일관성 있는 집필을 가능하게 합니다.

6. 목적 및 필요성

최근 우크라이나–러시아 간 전쟁으로 인해 세계경제는 들썩이고 있다. 하루가 다르게 치솟는 물가로 인해 코로나 이후 경제가 안정을 찾을 거라던 전망과는 다르게 또 다른 시련이 닥쳐오고 있다. 인류의 역사에서 전쟁은 일으키는 자의 욕심에서 시작되어 많은 피해를 양산했지만, 전쟁에서 승리하고자, 또는 더 이상의 피해를 막고자 하는 노력에서 많은 분야의 변화와 발전을 이끌었다고도 평가받는다. 본 연구에서는 전쟁의 역사를 고찰하는 과정에서 전쟁의 순기능이라는 측면에서 이를 평가해 보고자 한다.

→ 전쟁의 순기능이라는 측면에서 전쟁사를 살펴봄으로써 다양한 측면에서 사건을 접근하고 해석해 보는 넓은 시각을 배워나갈 수 있다.

7. 세부 연구방법(1번에서 해당하는 부분에 작성하세요.)

1) 질적연구
☐ 질문법 ■ 문헌연구 ☐ 인터뷰(면접법) ☐ 참여 관찰법

2) 양적연구
☐ 설문지법 ☐ 실험 방법

(1) 탐구설계

	내용	비고
재료(도구)		
조사 대상		
조사 기간		
자료 분석(해석)		
가설설정		

3) 혼합연구(질적연구 + 양적연구)

☐ 질문법 ☐ 문헌연구 ☐ 인터뷰(면접법) ☐ 참여 관찰법
☐ 설문지법 ☐ 실험 방법

(1) 탐구설계

	내용	비고
재료(도구)		
조사 대상		
조사 기간		
자료 분석(해석)		
가설설정		

→ 문헌연구법을 주로 활용함으로써 학생의 연구 동기와 목적에 대한 활동의 객관성을 확보할 수 있으며, 활용된 자료의 질에 따라 높은 수준의 연구도 가능합니다.

8. 기대효과

전쟁이 역사에 어떠한 영향을 끼쳤는가를 살펴봄으로써 전쟁 이후의 변화에 대해
적극적으로 고민해 보는 계기를 마련하고자 함이다.

→ 교과서 본문의 내용을 기반으로 학생이 더 알아보고자 하는 것을 시사적인 요소와 독
서 및 선행연구 자료를 기반으로 작성해 학생부 교과 세부능력 및 특기사항에 진로에 대한
학업역량과 진로역량을 높이는 심화탐구활동으로 적용이 가능할 것입니다.

9. 제언 및 한계점(후속 연구)

전쟁이 남긴 상처와 피해는 우리에게 여러 부분에서 노출된 바가 많다.
본 연구는 인류사에서 전쟁이 필요하다는 것을 주장하고자 하는 것이 아니라, 전쟁의 경과와 그 극복
과정에서 어떤 변화를 겪게 되는가에 초점이 맞춰져 있다. 연구 주제에 대한 전문적인 분석이 필요할
것으로 생각되며, 과거와는 달라진 현대전의 양상을 추가로 조사해 볼 것이다.

→ 현대 전쟁이 벌어지게 되는 원인과 양상을 살펴, 이로 인한 부와 권력의 재편 현상을 주
제로 다뤄보는 것을 후속 활동으로 계획했습니다.

10. 개요(목차)구성

Ⅰ. 서론
　연구의 계기와 목적
　우크라이나와 러시아 간 전쟁을 통해 보는 국제정세의 흐름
　전쟁은 왜 일어나는가?
　전쟁의 상처와는 별개로 전쟁의 이면을 평가해 볼 수는 없을까?

II. 본론
　1. 우크라이나–러시아 간 전쟁의 원인
　2. 전쟁의 원인에 대한 접근(사례를 중심으로)
　3. 전쟁을 통한 변화(순기능의 측면에서)
　　가. 정치외교적 측면에서
　　나. 경제적 측면에서
　　다. 의과학적 측면에서
　　라. 군사학적 측면에서

III. 결론(제언 및 한계점 내용 포함 – 후속 연구를 위해서)
　본론의 내용 정리 및 현재의 상황을 고려한 후속활동 계획

→ 글을 작성하기 전에 개요를 작성하여 탐구보고서의 작성 방향을 점검하고, 작성 의도를 확인할 수 있도록 도왔습니다.

11. 참고문헌

- 전쟁의 역설(폭력으로 평화를 일군 1만 년의 역사). 이언 모리스. 지식의날개.
- 전쟁에서 살아남기(우리가 몰랐던 전쟁의 과학). 메리 로치. 열린책들.
- 세상의 모든 혁신은 전쟁에서 탄생했다. 임용한. 교보문고.
- 인류의 전쟁이 뒤바꾼 의학 세계사. 황건. 살림FRIENDS.
- 세계사를 뒤흔든 전쟁의 재발견. 김도균. 추수밭.
- 전쟁패러다임의 전환과 군사변혁. 정춘일
- 전염병과 전쟁의 세계경제 여파. Deliitte insights 편집국
- 군사학개론. 미디어플래닛
- 프리츠 하버. 네어비지식백과

→ 교과내용과 연계해 도서와 간행물 및 선행연구자료를 활용하여 개인의 의견을 뒷받침하는 객관적인 자료를 제시해 본 연구에 대한 신뢰성을 확보하려 노력했습니다.

탐구 보고서

우크라이나-러시아 전쟁을 통해 살펴보는 전쟁이
인류역사에 끼친 영향 :
정치, 사회, 경제, 의과학적 측면의 변화를 중심으로

교과목 연계: 세계사, 사회문화, 정치와 법

2022. 00.

학교명	○○고등학교
학번	○○○○○○
이름	최○○

키워드 : 전쟁, 피해, 발전, 정치, 경제, 의과학, 군사학

목차

I. 서론

교과서에서 배우고, 여러 미디어를 통해서도 목격하는 전쟁은 많은 사상자를 낳고, 인간이 이룩해 놓은 많은 것을 잿더미로 만들기 때문에 대부분의 사람들은 전쟁을 혐오한다. 그러나 전쟁 이후에 세계정세가 어떻게 변화되었는가에 대해 의견을 나누며, 전쟁은 파괴적이고 희생되고 사라지는 결과만을 보여주는 것이 아닌, 전쟁을 준비하는 단계에서 뿐만 아니라 전쟁의 과정과 종전이 된 후에 세계의 역사는 놀라울 만큼 변화되었다는 것이 무척 흥미로웠다.

그렇다면 '전쟁을 통해 변화된 것과 나아진 것은 무엇일까?'라는 질문에 대해 전쟁이 우리에게 주는 상처와는 별개로 전쟁의 이면을 여러 분야로 나눠 살펴봄으로써 어떤 점에서 전쟁은 인류의 역사에 영향을 주었고 진일보하게 했는지 살펴보고자 한다.

II. 본론

1. 우크라이나–러시아 간 전쟁의 원인

지난 2014년 러시아는 우크라이나령 크림반도 내의 러시아계를 해방시킨다는 목적으로 전쟁을 일으켜 크림반도를 획득했다. 러시아계의 적극적인 가담과 지지로 두 달여 간의 전쟁은 러시아가 국제적인 목소리를 높이고, 경제적인 이득과 유럽에 대한 영향력을 높이는 결과를 낳았다. 하지만 서유럽과 미국의 러시아에 대한 경제적 제제는 러시아에 큰 시련이 되었고, 2021년 우크라이나의 NATO(나토)가입 신청은 서방을 견제하고자 하는 러시아에 큰 위협으로 다가왔다. 군사적 우위를 점하고 있는 러시아는 8년 전 승리로 이끌며 러시아의 영향력을 높였던 전쟁의 전리품이 생각나지 않았을까? 유럽 연합의 전략적 완충지대인 우크라이나를 차지함으로써 정치외교적으로는 국제적인 건재함을 드러내고, 현재 정권에 대한 국내의 불만을 잠재워 민심을 다스리며, 흑해연안을 장악하여 경제적 실익을 얻는 것까지 러시아는 이 전쟁을 통해 얻으려는 것이 매우 많아 보인다.

2. 전쟁의 원인에 대한 접근
가. 임진왜란
임진왜란은 도요토미 히데요시에 의해 통일된 일본에서 쓸모가 적어진 사무라이 계급의 불만이 높았고, 경제적 도탄에 빠진 민중의 불만이 높아 이를 해소하기 위한 수단으로 삼았다고 전해진다. 또한 '정명가도(征明假道)'를 내세워 대륙을 침략하겠다는 히데요시의 개인적인 영웅심이 작용했다고 한다. 하지만 실질적으로는 잦은 왜구의 난리로 인해 조선과 명이 일본과의 무역을 제한하게 되면서 조선과 명에 의존해 들여오던 수입물품의 보급로가 끊기자 그 돌파구를 마련하고자 일으킨 전쟁으로 보고 있다.

나. 제2차 세계대전

유럽의 팽창주의는 영토와 경제적 이득을 취하기 위한 군사적 침략을 통해 확장되었다. 영국과 프랑스로 대표되는 이러한 유럽의 팽창주의는 그에 비해 식민지가 넓지 못했던 이탈리아와 1차 세계대전의 패전으로 인한 막대한 전쟁배상금과 해외 식민지 대부분의 영토를 잃고, 유럽 영토 일부를 내어준 상황에서 경제적 압박에 시달렸던 독일에는 새로운 돌파구가 필요했을 것이다. 이러한 가운데 독일 내부에서는 그에 대한 반발로 군국주의가 지지를 받기 시작했고, 히틀러의 집권으로 과거의 영광을 되찾고자 하는 움직임에서 유럽에서의 2차 세계대전이 시작되었다.

일본의 경우도 한국과 중국에 대한 식민지배를 통해 영토를 확장하고 있었으나, 태평양 지역에 대한 영향력과 자원의 확보면에서 서구 열강에 의해 여러 어려움이 있었고, 그 획득량도 미비했다. 일본은 제국주의 후발주자를 넘어 미국과 서유럽이 가지고 있던 아시아 시장을 점령하고자 독일, 이탈리아와 함께 3국 조약을 맺어 2차 세계대전을 일으켰다.

3. 전쟁을 통한 변화(순기능 측면에서)

가. 정치적 측면에서

『전쟁의 역설(War! What is it good for?)』의 저자 이언 모리스는 책의 서문에서 오늘날 한강의 기적이라고 불리는 한국의 눈부신 발전은 전쟁과 냉전의 결과라고 주장하고 있다. 그러면서 그는 기원전 1만년 이후부터 인간이 치러온 전쟁이 예상치 못한 결과를 가져왔고, 승자는 패자를 집어삼켜 더 큰 사회를 만들고, 더 강한 정부가 들어서게 됨으로써 폭력을 울타리 안에 가둬 아주 강력한 기관들을 통해 일상적이었던 폭력을 통제함으로써 그로 인한 사망률을 100분의 1로 줄여 더 큰 사회를 이룰 수 있었다는 의견으로 전쟁의 순기능을 주장한다.

저자 이언 모리스는 평화로운 사회를 만들기 위해 인류가 찾아낸 유일한 방법이 전쟁이라고 주장하고 있다. 두 차례의 세계대전을 겪었던 유럽은 전쟁 중에 만들어진 군수품 공장이 전쟁 이후 병원이나 보육시설로 개조되고, 히틀러라는 절대악을 상대하면서 유럽이 하나로 뭉쳐 이에 대항하여 이김으로써 큰 정부야말로 가난, 부당함과의 전쟁 등에서 승리를 이끌 수 있다고 기대하게 되었다. 또한 왕정시대부터 절대적 권력으로 억압받는다고 생각했던 유럽인들이 또 다른 권력집단인 정부를 강압의 존재가 아닌 자유의 수단으로 인식하게 되는 전환점이 되었다.

아이러니하게도 전쟁은 평화를 되찾기 위해 치러지는 경우도 있다. 상대의 강력한 무력 앞에 저항하여 과거의 평화를 되찾고, 자유와 재산을 보호하기 위해 불가피하게 대응하게 되는 경우다. 그런 가운데서 동맹을 만들게 되고 그렇게 형성된 연대의식은 진영을 형성하여 정치적인 의식의 연결을 넘어 경제와 문화, 사회문화적인 협력과 교류 등의 전 영역에 영향을 미친다고 생각한다. 더불어 이는 상대에 대한 강력한 견제와 경계의 전선을 형성하게 됨으로써 상대를 압박함은 물론 동맹 간의 강한 연대감을 형성하게 된다.

최근 소리 없는 전쟁이라고 일컬어지는 미중 무역갈등을 '전쟁'이라는 용어를 빌려 표현하는 것은 과하지 않은 표현이라고 생각하는 것도 이와 같은 맥락이다. 중국은 과거 아시아 지역을 호령했던 영광을 되찾고자 경제적 성장을 발판으로 세계 경제의 절대강자였던 미국의 턱밑까지 쫓아왔다. 중국은 성장과정에서 미국과 반목하는 요소를 다수 만들어내게 되었고, 이는 미국을 자극해 동아시아 지역의 군사적, 경제적 긴장이 한층 높아지게 되었다.

이러한 위기 상황은 군사와 경제 측면에서 불거져 많은 이합집산을 낳고 있다. 최근 미국의 4개국 안보 회의 '쿼드(Quad)'나 인도-태평양 경제 프레임워크(IPEF)는 한국전쟁과 냉전의 시대를 거치면서 여전히 해결되지 않은 것들이 전쟁을 통해 형성되고 있는 모습이다. 또한 이러한 갈등 양상은 이를 국익과 연결하여 우위를 점거하게 되었을 때, 주요국가의 행정수반의 정치적 입지는 매우 견고해진다는 것을 통해 전쟁과 같은 갈등은 정치적 측면에서도 매우 중요한 터닝포인트가 되기도 한다.

나. 경제적 측면에서

인류의 역사에서 대부분의 전쟁에는 경제적 이익이 관련되어 있다. 강대국이 약소국을 침략해 자국에 필요한 물자를 얻어 경제적 이득을 차지하려는 목적은 무엇보다 전쟁을 일으키는 가장 큰 동기부여가 될 것이다.

인류 역사상 인명피해와 재산피해에서 가장 끔찍한 전쟁으로 기록되는 2차 세계대전의 경우 전쟁을 일으켰던 독일의 초반의 계속된 승리는 독일 내 군수산업의 엄청난 성장을 가져왔다. 이 때 일궈낸 독일의 기술력과 경제적 성장은 전쟁이 끝난 이후에도 독일을 일으키는 원동력이 되었다.

독일의 침략을 받아 많은 것을 잃은 유럽국가와는 달리 경제적으로 이득을

본 또 다른 국가는 미국이었다. 미국은 군수물자를 수출해 엄청난 경제호황을 누리게 되었고, 미국 내 실업률이 안정되었다. 2차 세계대전이 종전되고 전후 복구사업에서도 미국은 주도적인 역할을 하게 됨으로써 초강대국의 입지를 마련하는 계기가 되었다.

1882년 영국과 아르헨티나 사이에 발생한 영국령 포클랜드 전쟁도 경제적 이권을 두고 벌어진 전쟁이다. 아르헨티나 남부에 수 백 개의 작은 섬으로 구성된 포클랜드를 영국이 지키고자 한 것과 아르헨티나가 자국령으로 편입시키고자 한 이유는 다름 아닌 엄청난 양의 석유와 천연가스가 매장되어 있기 때문이었다.

하지만 일단 전쟁이 시작되면 전쟁의 당사자가 되는 국가들은 언제든 경제적 위기에 직면할 수 있다. 전쟁에는 천문학적인 비용이 소비되기 때문이다. 전쟁에 필요한 재원을 보급하기 위해 국채를 발행하게 되고 민간 투자와 소비는 위축될 수밖에 없다. 이는 전쟁의 당사국에게만 해당하는 것이 아닌 해당 국가와 경제적 교류를 하고 있는 주변국가에도 경제적 피해를 주게 된다. 앞서 언급되었던 우크라이나와 러시아의 전쟁은 세계적 곡창지대인 우크라이나와 석유 및 천연가스를 보급하고 있는 러시아의 다툼으로 인해 전 세계적인 물가의 폭등을 가져왔고, 이로 인해 경제 기반이 약한 저개발국가의 국가부도 위기와 인플레이션 증가의 부담을 지속적으로 높이고 있다.

다. 의과학적 측면에서

전쟁은 많은 인명을 앗아간다. 그렇기 때문에 인원을 잃지 않기 위한 노력은 전쟁에서 필수이고, 따라서 의학의 발달은 전쟁과 더불어 성장했다고 보아도 과언이 아니다. 그러한 가운데 눈부신 발전을 거듭한 의학은 더 많은 사람을 살리는 일에 기여하고 있다. 전쟁은 수많은 사람이 죽거나 다치는 것은 물론 비위생적인 환경으로 인해 전염병이 일어나는 경우도 많았다. 눈앞에 펼쳐지는 끔찍한 광경으로 인해 심리적으로 엄청난 충격을 동반하기도 한다. 그렇기 때문에 전쟁터에서 의학의 역할이 중요했고, 거듭되는 의료행위 가운데 의술이 발전했다.

근대 과학의 발달은 이러한 의학의 발달을 촉진하는 역할을 했다. 과거 로마가 정복전쟁을 치르던 시기에 아우구스투스는 전투로 인한 부상자를 돌보는 의무부대를 만들었다. 나폴레옹 시대에는 간호사들의 의료체계와 돌봄 환경을 개선해 사망자와 환자의 수를 줄일 수 있었다. 또한 전쟁은 새롭게 개발된 의학 기술을 활용하여 그 효용성을 확인하는 계기를 마련하기도 했다.

하지만 눈부신 의과학의 발달은 반드시 긍정적인 측면만을 가지고 있는 것은 아니다. 오늘날에도 새롭게 등장하고 있는 여러 생명 분야 의료 과학기술의 사용을 두고 찬반이 엇갈리는 것과 윤리적인 측면에서 우려를 표현하는 이유는, 과학 기술은 누가 어떤 목적을 가지고 사용하느냐에 따라 그 결과도 달라지기 때문이다.

의과학 기술이 사람을 살리는 것뿐만 아니라 사람을 죽이는 것에도 사용되기도 한 사례는 많다. 질소와 수소를 합성해 암모니아를 만드는 방법을 고안해 노벨화학상을 받았던 독일의 화학자 프리츠 하버는 자신이 만든 질소 비료를 통해 식량 생산을 늘려 기아문제를 해결하는 데 기여하기도 했지만, 소금을 분해해 만든 염소를 화학무기로 사용하는 길을 열어냄으로써 수많은 희생자를 낳았고, 같은 민족이었던 유대인을 대량 학살하는 무기를 제작하는 데 일조하기도 했다. 따라서 의과학을 연구하는 학자에게는 더욱 엄중한 도덕적, 윤리적 기준이 필요하며, 그러한 인류애를 바탕으로 펼쳐진 의술이야말로 바람직한 의과학 기술의 모습일 것이다.

라. 군사학적 측면에서

베케티우스는 "만일 그대가 평화를 원하거든 전쟁을 준비하라."라고 말했다. 인류는 개인과 집단의 생존과 독립을 위해 전쟁을 억제하고, 유사시 전쟁에서 승리하기 위해 군사력을 건설하고, 군사력을 운영하는 데 요구되는 전쟁술, 전투술, 군사이론 등에 많은 관심과 노력을 기울여왔다.

학문으로 정립된 것은 최근의 일이지만, 군사학은 고대부터 인류 역사와 함께 발전해왔다. 전쟁은 인류의 역사가 시작되는 현장과 성장해 가는 과정부터 소멸하기까지의 과정에 모두 개입하고 있다. 국토를 확장하고, 지배와 피지배의 관계로 나뉘고, 내 집단의 생존과 번영을 위한 과정에서 만들어지는 폭력이 전쟁이다. 그러한 전쟁에서 상대를 압도적으로 제압하기 위해 군사학의 이론이 발달하였고, 이렇게 형성된 조직의 운용 방식은 오늘날의 사회학, 정치학, 철학과 심리학, 과학적 분야와도 연결되고 있다. 특히 사람을 활용하는 방식이나 상황에 알맞게 대응하는 방법을 알고자 할 때 자주 인용되는 "손자병법"은 말 그대로 손자가 고안한 병사를 활용하는 방법이라는 뜻을 지니고 있다.

이렇듯 군사학은 단순히 군사와 전쟁을 연구하는 것에 그치는 것이 아니다. 정치, 경제, 공학과도 연결되어 하나의 국가가 처한 여러 상황에 따라 국가 전략의 핵심이 되는 분야이기도 하다.

III. 결론

전쟁은 가진 자의 더 갖고자 하는 욕망에서 비롯되어 반대편에 서 있는 사람들에게 많은 피해를 남긴다. 본문에서 전쟁은 그 준비과정에서부터 시작해 그 경과와 소멸 과정에서 국제적 정치와 경제, 의과학적, 군사학적 측면에서 비약적인 발전의 토대를 마련하기도 한다는 것을 살펴볼 수 있었다.

연구 과정을 마치며 전쟁은 피의 역사이지만, 새로운 문명시대의 시작으로 나아갈 수 있는 기반을 마련하기도 한다는 사례를 통해 현재 진행형인 한반도의 군사대치 상황과 우크라이나-러시아 전쟁의 원인과 과정이 그 당사국과 주변국의 변화에 어떤 영향을 끼쳤는가를 살펴보는 후속활동을 계획하게 되었다.

〈참고문헌〉

김도균(2009). 세계사를 뒤흔든 전쟁의 재발견. 추수밭.

메리 로치(2017). 전쟁에서 살아남기(우리가 몰랐던 전쟁의 과학). 열린책들.

이언 모리스(2015). 전쟁의 역설(폭력으로 평화를 일군 1만 년의 역사). 지식의 날개.

임용한(2014). 세상의 모든 혁신은 전쟁에서 탄생했다. 교보문고.

황건(2022). 인류의 전쟁이 뒤바꾼 의학 세계사. 살림출판사.

정춘일. 전쟁패러다임의 전환과 군사변혁.

전염병과 전쟁의 세계경제 여파. Deliitte insights 편집국.

군사학개론. 미디어플래닛.

프리츠 하버. 네어비지식백과.

학교 생활과 관련 있는 주제(설문지 작성법)

설문지 제작 방법

1. **설문지 작성과정**

   가. 필요한 정보의 결정

   나. 자료수집 방법의 결정-직접 면담/설문 도구(조사탐구의 설문 최소 100명)

   다. 개별항목의 내용 결정

   라. 질문 형태의 결정-Yes/No형, 다지선다형, 자유응답형 등

   마. 개별 항목의 완성

   바. 질문 순서의 결정-어려운 것, 좁은 범위, 인적사항은 가능한 뒤에 배치

   사. 설문지 외형 결정

   아. 설문지 사전 조사-테스트용

   자. 설문지 완성

2. 설문지 작성 도구

구글독스(http://docs.google.com)

네이버폼(https://office.naver.com/)

탐구 계획서

학번 : ○○○○○○

이름 : 이○○

1. 탐구 형식*

　　□ 질적연구　□ 양적연구　■ 혼합연구(질적연구 + 양적연구)

→ 카페인의 다양한 자료를 정리하고, 청소년이 얼마나 카페인 섭취를 많이 하는지 설문을 통한 분석을 함께 진행하기 때문에 혼합연구 탐구 형식을 선택하게 됩니다.

2. 주제선정

카페인이 인체에 미치는 영향: 중고등학생을 기준으로

→ 키워드 '카페인', '중독', '청소년' 등의 단어를 조합하여 주제가 선정되었습니다.

3. 교과목 연계(사진 삽입 가능)

교과목 및 단원명		교과명	단원명
	1	생명과학1	3_1_3 신경계의 구조와 기능
	2		

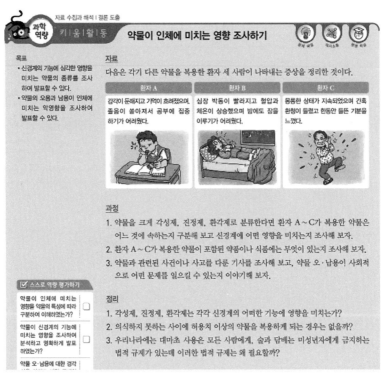

출처: 생명과학1(동아출판사)

→ 생명과학1(동아출판사) 수업을 들으면서 나의 관심 분야와 관련된 내용이 나와서 그 부분에 대해서 더 깊이 있는 탐구를 해 보고자 합니다.

4. 동기 및 호기심(질문하기, 문제 제기 등)

– 시험기간 학생들이 에너지드링크를 자주 먹는 것을 보고 카페인이 학생들에게 어떤 영향을 주는지 궁금하여 탐구를 하게 됩니다.
– 에너지드링크의 효과를 대체할 수 있는 것이 있는가?

→ 시험기간이 되면 많은 학생들이 늦은 시간까지 학습을 합니다. 시간이 지나다 보면 체

력이 떨어지고 집중력이 약해집니다. 이때, 학생들은 이를 방지하기 위해서 커피 혹은 에너지드링크를 섭취하게 됩니다. 여기서 과연 카페인이 청소년에게 어떤 영향을 미치는지 조금 더 깊이 알아보고자 하는 동기를 갖게 되며, 효과적인 부분에 대한 문제는 없는지 궁금해 합니다.

5. 키워드

카페인	청소년	각성제	중독	혈관확장
강장제	인체			

→ 카페인, 청소년으로 시작한 키워드가 어떻게 확장이 되는지 검색과 마인드맵을 통해서 알아봅니다.

6. 목적 및 필요성

- 카페인이 학생의 건강에 미치는 영향을 제대로 알고 섭취량을 조절할 수 있다.
- 카페인 함유량이 높은 드링크를 대체 할 수 있는 것을 통해 학생의 건강을 지킬 수 있다.

→ 탐구를 통해서 카페인이 청소년에 미치는 영향에 대해 알리고, 건강을 해치지 않는 대체 할 식품을 찾아 대안을 제시하고자 합니다.

7. 세부 연구방법(1번에서 해당하는 부분에 작성하세요.)

1) 질적연구
☐ 질문법 ☐ 문헌연구 ☐ 인터뷰(면접법) ☐ 참여 관찰법

2) 양적연구

□ 설문지법 □ 실험 방법

(1) 탐구설계

	내용	비고
재료(도구)		
조사 대상		
조사 기간		
자료 분석(해석)		
가설설정		

3) 혼합연구(질적연구 + 양적연구)

□ 질문법 ■ 문헌연구 □ 인터뷰(면접법) □ 참여 관찰법

■ 설문지법 □ 실험 방법

(1) 탐구설계

	내용	비고
재료(도구)	설문지(제작)	
조사 대상	○○고등학교 학생 50명	
조사 기간	2020년 05월 중	
자료 분석(해석)		
가설설정	청소년의 카페인 하루 섭취량은 얼마나 되는가? 청소년이 카페인 대량 섭취시 건강에 미치는 영향은 무엇일까?	

→ 카페인의 효능, 부작용에 대한 자료를 찾고, 청소년을 대상으로 설문을 통하여 현재 카페인을 어떤 경로로 섭취를 하는지, 얼마나 하는지 등을 조사 분석할 것입니다.

8. 기대효과

– 카페인 과다 섭취의 부작용 인식을 통하여 섭취량을 줄일 수 있다.
– 카페인을 대체 할 수 있는 방법을 통해서 학생의 건강을 챙길 수 있다.
– 균형 잡힌 식습관을 바로 잡을 수 있다.

→ 보고서를 통해서 긍정적인 영향을 주는 것에는 무엇이 있을지 생각해 보았습니다.

9. 제언 및 한계점(후속 탐구)

시기별 섭취량에 대한 추가 조사가 필요하다.
학생별 체형에 따른 카페인의 영향력에 대한 탐구가 필요하다.

→ 단순 섭취량을 통한 장단점을 말하기에는 체격 및 주기성 등 다양한 환경의 영향을 고려하지 않았기 때문에 조금 더 고민해 볼 필요가 있습니다.

10. 개요(목차)구성

I. 서론

II. 본론
   1. 카페인의 유래 및 구조체 모형
   2. 카페인의 장단점

3. 카페인이 청소년에 미치는 영향
4. 카페인 과다 섭취 방지 방법

설문조사
설문지 질문 및 분석

Ⅲ. 결론(제언 및 한계점 내용 포함 – 후속 탐구를 위해서)

서론, 본론 정리
문제 해결 방안 제시
카페인의 함유량이 높은 드링크를 대체 할 수 있는 것을 통해 학생의 건강을 지킬 수 있다.
시기별 섭취량에 대한 추가 조사가 필요하다.
학생별 체형에 따른 카페인의 영향력에 대한 탐구가 필요하다.

→ 내가 보고서에 담고자 하는 내용을 토대로 소제목을 목차로 만들어 정리해 봅니다.

11. 참고문헌

- 통계청-고카페인(에너지) 음료 이용빈도. https://kosis.kr/statHtml/statHtml.do?orgId=154&tblId=DT_MOGE_1540002721&vw_cd=MT_ZTITLE&list_id=154_16701_A007&seqNo=&lang_mode=ko&language=kor&obj_var_id=&itm_id=&conn_path=MT_ZTITLE
- 캠패인. https://impfood.mfds.go.kr/CFBCC04F02/getCntntsDetail?cntntsSn=442101&cntntsMngId=00019
- 이혜원(2000), 카페인이 인체에 미치는 영향 및 섭취량 감소방안에 관한 연구, 한국조리학회지 Vol.6 No.3
- 카페인이 신경전도 속도에 미치는 영향
- 김수진, 정승호(2017), 카페인이 인체에 미치는 영향, 한국외식산업학회지, Vol.13 No.4

→ 나의 보고서가 단순 주장이 아니라 객관적인 자료를 바탕으로 작성된 것이라는 것을 보여주기 위해서 참고문헌(자료)을 찾아서 그 출처를 남겨봅니다.

12. 설문지 내용

문항 1] 평소에 카페인 음료의 섭취량은 얼마나 되나요?
　　　① 마시지 않는다.
　　　② 일주일(1~2캔)
　　　③ 일주일(3~5캔)
　　　④ 일주일(6~9캔)
　　　⑤ 일주일(10캔 이상)

문항 2] 시험 준비 4주 동안 카페인 음료의 섭취량은 얼마나 되나요?
　　　① 마시지 않는다.
　　　② 일주일(1~2캔)
　　　③ 일주일(3~5캔)
　　　④ 일주일(6~9캔)
　　　⑤ 일주일(10캔 이상)

문항 3] 시험기간에 평소보다 카페인 섭취를 많이 하는 이유가 무엇인가요?
　　　① 잠을 안 자기 위해서(피곤함을 줄이기 위해서)
　　　② 집중력 향상을 위해서
　　　③ 습관처럼

문항 4] 본인이 생각하는 카페인 음료 과다 섭취 기준이 어떻게 되나요?
(4, 5번에 체크한 학생은 아래 4_1번 문항에 답변해 주세요.)
　　　① 마시지 않는다.
　　　② 일주일(1~2캔)
　　　③ 일주일(3~5캔)
　　　④ 일주일(6~9캔)
　　　⑤ 일주일(10캔 이상)

문항 4_1] 본인은 과다 섭취를 한다고 생각하나요?
　　　① 네
　　　② 아니오

문항 5] 카페인 과다 섭취 시 신체에 미치는 부정적 영향을 알고 있나요?

    ① 알고 있다

    ② 모른다

문항 5_1] 카페인 음료를 마시고 속이 안 좋았던 경험이 있었나요?

    ① 있다

    ② 없다

문항 5_2] 카페인 음료를 마신 다음 날 컨디션은 어떤가요?

    ① 평소와 다르지 않다.

    ② 평소보다 조금 더 피곤하다.

    ③ 졸리고 집중력이 떨어짐을 느낀다.(수업시간에 자주 졸음)

문항 6] 카페인을 대체할 식품이 있거나 방법이 있다면 변화를 줄 것인가요?

    ① 변화를 줄 것이다.

    ② 변화를 주지 않을 것이다.

탐구 보고서

카페인이 인체에 미치는 영향: 중고등학생을 기준으로

교과목 연계: 생명과학 I

2022. 00.

학교명	○○고등학교
학번	○○○○○○
이름	이○○

키워드 : 청소년, 카페인, 각성제, 중독, 혈관확장, 강장제, 인체

목차

I. 서론

    카페인이 함유된 대표적인 음료인 커피를 판매하는 카페가 건물 하나 건너 생기고, 다양한 에너지 드링크가 생기면서 청소년들이 쉽게 구매하여 마시는 환경이 조성되었다. 마침 생명과학1 시간에 나온 카페인의 내용을 보고 청소년의 카페인 섭취량에 대한 궁금증과 그로 인한 인체에 미치는 부정적인 요인에는 무엇이 있는지, 카페인의 장단점에는 무엇이 있는지에 대한 궁금증이 생기게 되었다.

    특히 시험기간이 되면 많은 학생들이 에너지 드링크를 과다하게 섭취하는 모습을 보고 많은 걱정이 되었다. 아직 성장기인 청소년들이 카페인이 인체에 미치는 영향과 장단점을 잘 알지 못하고 많은 섭취를 할 경우, 여러 부작용을 겪을 수 있기 때문에 이번 탐구 활동을 통해서 정확한 지식을 알고 대비하고자 한다. 또한 대체 할 수 있는 방향에 대해서 알아보고 청소년과 공유하여 건강한 신체를 유지할 수 있도록 장려할 수 있겠다.

II. 본론

1. 카페인의 유래 및 구조체 모형

우리나라에 들어온 시기는 19세 말 임오군란(1982년)에서 1890년 사이라는 설이 가장 유력하다. 한국에 들어온 카페인은 조선시대 지배층을 매혹시켰으며, 대표적인 카페인 중독자로 고종을 들 수 있겠다. 일제강점기에는 영화배우들이 즐겨 마셨으며, 지금은 많은 사람들이 다양한 종류의 카페인 음료를 매일 마시고 있다.

우리가 알고 있는 카페인의 화학구조는 다음과 같다.

[그림1] 카페인의 화학구조

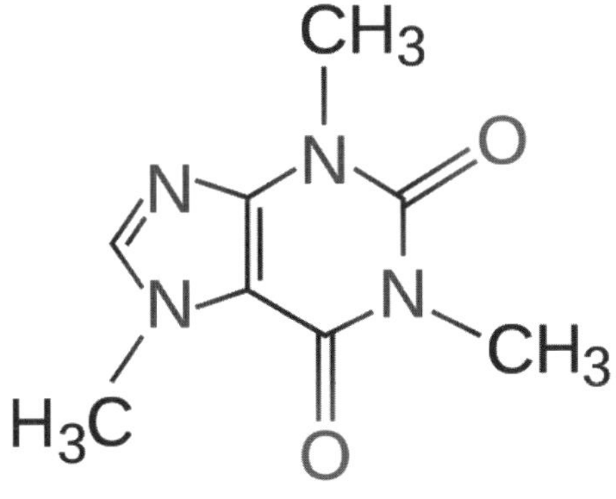

2. 카페인의 장단점

카페인은 우리 인체에 영양소로써 기능하는 40여 종 외의 물질로 분류가 되기 때문에 영양소로써의 가치는 없다. 카페인은 식물성 알칼로이드계에 속하며, 흥분제와 각성제의 역할을 한다고 볼 수 있다.

가. 카페인의 장점

카페인의 장점으로는 첫째, 피로를 회복시켜준다. 둘째, 정신을 맑게 해준다. 셋째, 이뇨 작용 등을 통해 체내 노폐물을 제거하는 기능을 한다. 넷째, 위산 분비를 통해 소화력을 증진시킨다. 다섯째, 기관지 확장을 통해 호흡기 질환자의 호흡을 편하게 하는 역할을 한다.

다만, 카페인을 섭취한다고 해서 바로 효과가 나타나는 것은 아니라 약1~3시간 이내에 반응이 나타나기 때문에 필요에 의해 섭취를 할 경우에는 참고해야 한다.

나. 카페인의 단점

카페인 섭취의 단점으로는 첫째, 심장박출량의 증가로 혈압이 상승하고 맥박이 빨라지면서 심장질환의 발병률을 높인다. 둘째, 임산부에게는 태아의 조산, 유산 등의 영향을 준다. 셋째, 카페인의 과다 섭취는 지나친 소변 배설량을 야기시켜 무기질 결핍을 초래한다. 넷째, 위산의 과다분비로 위점막 손상이 있을 수 있다. 다섯째, 중독 증상을 가져올 수 있으며, 카페인 섭취를 줄일 경우 금단현상으로 두통, 불안감, 초조감, 피로, 우울증이 나타날 수 있다.

이러한 장단점은 섭취량에 따라 차이가 있을 수 있으며, 개개인의 체질에 따라서 다르게 나타나기 때문에 더욱 다양하고 끊임없는 탐구가 필요하다.

3. 카페인이 청소년에 미치는 영향

청소년기에 성장과 발달에 있어서 다양한 요인이 영향을 미친다. 수면, 운동, 스트레스, 심리적 건강 등이 그 요인이라고 할 수 있다. 이러한 요인들이 카페인 섭취로 인해 어떤 영향을 받는지 알아 보도록 하겠다.

우선 카페인이 포함된 음식은 매우 다양하다. 커피, 차, 콜라, 초콜릿, 약제 등 다양한 식음료에 카페인이 포함되어 있고 청소년들이 쉽게 접하고 자주 접하는 음식들이다. 우리나라 청소년의 일일 최대 섭취권고량은 2.5mg/kg(체중)이다. 2021년 고등학교 2학년을 기준으로 청소년의 평균 몸무게는 남자 70kg, 여자 57kg이다. 즉, 하루 카페인 최대 섭취권고량은 남자 175mg, 여자 142mg이다.

현재 청소년의 카페인 섭취에 대한 상황을 조사해 본 결과, 아래와 같은 설문 결과가 나왔다.

첫 번째로 평소에 카페인 음료를 일주일에 1~2캔(1캔 기준 50mg) 정도 섭취한다는 답변이 가장 많았다. 이는 하루 최대 섭취권고량에 크게 벗어나는 과다 섭취는 아니었다. 다만 음료를 통해서만 섭취가 되는 것이 아니기 때문에 주의는 필요하다.

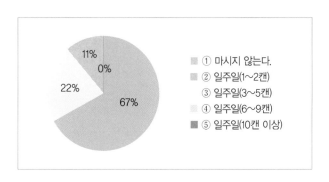

① 마시지 않는다.
② 일주일(1~2캔)
③ 일주일(3~5캔)
④ 일주일(6~9캔)
⑤ 일주일(10캔 이상)

두 번째로 시험기간 음료 섭취에 대한 조사 결과로는 일주일에 약 6~9캔을 마시는 경우가 가장 많이 나왔다. 7캔을 기준으로 보면 350mg를 섭취하는 상황으로 일일 최대섭취량의 약 2배를 섭취한다는 결과가 나왔다.

세 번째로 시험기간에 카페인의 섭취량이 평소보다 많아지는 이유에 대한 설문 결과로는 늦은시간까지 학습을 해야 하다 보니 잠을 안 자기 위해서라는 답변이 가장 많았다.

네 번째로 학생들이 생각하는 카페인 음료 과다 섭취의 기준이 어떻게 되는지에 대한 답변에서는 약 70%가 일주일에 약 6~9캔을 마시는 경우일 것으로

나타났다.

이에 대해서 추가적인 질문으로, 시험기간에 섭취하는 카페인의 양이 많다고 생각하는지에 대한 질문에서는 70%가 과다 섭취를 하고 있다는 답변의 놀라운 결과가 나왔다.

다섯 번째로 카페인 과다 섭취 시 신체에 미치는 부정적인 영향이 있다는 것을 알고 있는지에 대한 설문을 진행한 결과, 놀랍게도 80%가 알고 있다는 답변을 하였다.

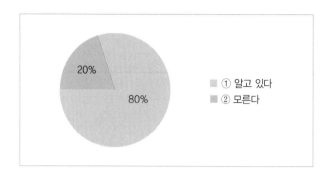

추가 질문으로는 카페인 음료를 마시고 속이 좋지 않았던 경험에서는 80%가 역시 있다고 답변했다. 답변을 보면 좋지 않다는 것을 알면서도 마시고 있다는 분석결과이다.

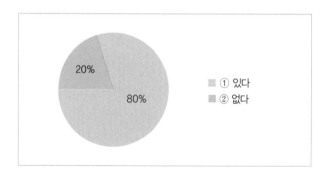

비슷한 질문이지만 카페인을 섭취한 다음 날 건강 상태에 대해서 설문을 진행한 결과, 카페인 효과가 떨어져서인지 졸리고 집중력이 떨어짐을 느낀다는 답변이 60%가 나왔다.

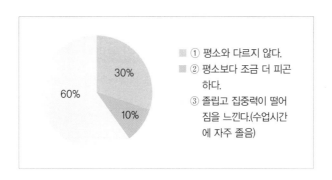

① 평소와 다르지 않다.
② 평소보다 조금 더 피곤하다.
③ 졸립고 집중력이 떨어짐을 느낀다.(수업시간에 자주 졸음)

마지막으로 과다 섭취 시 다양한 부작용이 있는 카페인 섭취를 대체할 수 있는 식품이 있거나 방법이 있을 경우 이용할 의향이 있는지에 대한 설문에서 70%가 그렇게 할 것이라는 답변을 하였다. 이는 대안을 찾지 못해 어쩔 수 없이 마시고 있는 안타까운 상황을 보여준다고 해석할 수 있다.

① 변화를 줄 것이다.
② 변화를 주지 않을 것이다.

그렇다면 카페인 과다 섭취가 청소년에게 어떤 영향을 미치는지에 대하여 알아보도록 하겠다. 카페인의 과다 섭취가 성인에게도 영향을 줄 수 있지만, 청소년들은 성장기이기 때문에 영향력은 더 크다고 할 수 있다. 증상으로는 빈혈, 뼈가 약해지는 현상, 불면증, 중독, 그리고 자살 생각의 빈도가 높아진다고 한다.

4. 카페인 과다 섭취 방지 방법

이러한 카페인 과다 섭취의 부정적인 영향이 얼마나 큰지 청소년에게 카페인 함량 고지 의무화가 필요하며, 청소년 카페인 관리 앱을 통한 스스로의 관리도 하나의 방법이 될 수 있다. 또한 피로 회복용 차를 마시는 것도 도움이 될 수 있다. 대표적인 차로는 둥굴레차, 오미자차, 홍삼차 등이 있다.

Ⅲ. 결론

생명과학 시간에 알게 된 카페인의 내용을 통해서 현재 청소년들이 많이 마시는 에너지드링크가 과다 섭취되었을 경우 신체에 어떤 부정적인 영향을 미치는지에 대한 궁금증과 해결방안을 알아보기 위해서 본 탐구를 시작했다.

탐구를 통해서 카페인의 장단점에 대해서 알게 되었다. 특히 청소년 과다 섭취기준을 알게 되었고, 성인보다 성장하는 청소년에게 카페인 과다 섭취는 빈혈, 불면증, 자살 생각의 빈도 증가 등 매우 위험한 결과를 초래할 수 있다는 사실을 알게 되었다. 이에 대한 대처 방안으로는 카페인 함량 고지 의무화와 대체음료로 차를 마시는 것이 도움이 된다는 것을 확인할 수 있었다.

이번 탐구를 통해서 아쉬운 점이 있다면, 카페인이 에너지드링크 음료뿐만이 아니라 다양한 식의약품에 있다는 것을 고려하여 하루에 섭취되는 용량을 더욱 자세히 살펴볼 필요가 있겠다고 생각했다. 또한 카페인 섭취를 기간에 따른 변화에 대해서도 탐구가 필요하다는 생각이 들었다. 예를 들면 어느 정도 일정 기간을 과다 섭취했을 경우 실제 인체에 어떤 영향을 미치는지, 그리고 어떤 증상이 단계적으로 나타나는지 탐구가 필요하겠다.

〈참고문헌〉

강윤정(2020). 카페인이 신경전도속도에 미치는 영향. 융합정보논문지. 제0권
　　제3호 195-199.

김수진, 정승호(2017), 카페인이 인체에 미치는 영향, 한국외식산업학회지,
　　Vol.13 No.4.

이혜원(2000), 카페인이 인체에 미치는 영향 및 섭취량 감소방안에 관한 연구,
　　한국조리학회지 Vol.6 No.3.

캠패인 https://impfood.mfds.go.kr/CFBCC04F02/getCntntsDetail?cntntsSn=4
　　42101&cntntsMngId=00019

통계청 - 고카페인(에너지) 음료 이용빈도 https://kosis.kr/statHtml/
　　statHtml.do?orgId=154&tblId=DT_MOGE_1540002721&vw_cd=MT_
　　ZTITLE&list_id=154_16701_A007&seqNo=&lang_mode=ko&language
　　=kor&obj_var_id=&itm_id=&conn_path=MT_ZTITLE

〈부록〉

설문지

문항 1] 평소에 카페인 음료의 섭취량은 얼마나 되나요?
　　　① 마시지 않는다.
　　　② 일주일(1~2캔)
　　　③ 일주일(3~5캔)
　　　④ 일주일(6~9캔)
　　　⑤ 일주일(10캔 이상)

문항 2] 시험 준비 4주 동안 카페인 음료의 섭취량은 얼마나 되나요?
    ① 마시지 않는다.
    ② 일주일(1~2캔)
    ③ 일주일(3~5캔)
    ④ 일주일(6~9캔)
    ⑤ 일주일(10캔 이상)

문항 3] 시험기간에 평소보다 카페인 섭취를 많이 하는 이유가 무엇인가요?
    ① 잠을 안 자기 위해서(피곤함을 줄이기 위해서)
    ② 집중력 향상을 위해서
    ③ 습관처럼

문항 4] 본인이 생각하는 카페인 음료 과다 섭취 기준이 어떻게 되나요?
(4, 5번에 체크한 학생은 아래 4_1번 문항에 답변해 주세요.)
    ① 마시지 않는다.
    ② 일주일(1~2캔)
    ③ 일주일(3~5캔)
    ④ 일주일(6~9캔)
    ⑤ 일주일(10캔 이상)

문항 4_1] 본인은 과다 섭취를 한다고 생각하나요?
    ① 네
    ② 아니오

문항 5] 카페인 과다 섭취 시 신체에 미치는 부정적 영향을 알고 있나요?
    ① 알고 있다
    ② 모른다

문항 5_1] 카페인 음료를 마시고 속이 안 좋았던 경험이 있었나요?
    ① 있다
    ② 없다

문항 5_2] 카페인 음료를 마신 다음 날 컨디션은 어떤가요?

  ① 평소와 다르지 않다.

  ② 평소보다 조금 더 피곤하다.

  ③ 졸리고 집중력이 떨어짐을 느낀다.(수업시간에 자주 졸음)

문항 6] 카페인을 대체할 식품이 있거나 방법이 있다면 변화를 줄 것인가요?

  ① 변화를 줄 것이다.

  ② 변화를 주지 않을 것이다.

탐구 계획서

학번 : ○○○○○○

이름 : 박○○

1. 탐구 형식

■ 질적연구 □ 양적연구 □ 혼합연구(질적연구 + 양적연구)

→ 실제 학생들의 의견을 들어 봄으로써 실제성을 갖고자 인터뷰 방식을 선택하게 되었습니다.

2. 주제선정

코로나 시대 디지털 파놉티콘 : 국가 정책에 따른 개인의 인권 보장에 대한 인식 탐구

→ 코로나 시기, 역학 조사 과정에서 개인 인권 침해 사례들이 거론되었고, 국가의 개입에 대한 많은 찬반 논란이 있었습니다. 그러한 논란 과정에서 #코로나 #CCTV #인권 #파놉티콘 등의 키워드가 자주 등장하였습니다. 따라서 코로나 시대 디지털 파놉티콘을 큰 주제로 잡고 하위 주제로는 국가 정책에 따른 개인의 인권보장에 대한 인식 탐구로 정하게 되었습니다.

3. 교과목 연계(사진 삽입 가능)

		교과명	단원명
교과목 및 단원명	1	통합사회	인권보장과 헌법 → 현대사회에 새롭게 등장한 인권
	2	독서	조지오웰 소설

→ 통합사회시간에 인권보장과 헌법에 대해 수업을 들으면서 현대 사회에 새롭게 대두된 인권 논쟁에 대해 생각해 보는 시간을 가지게 되었습니다. 그중에서 우리가 직면한 코로나라는 특수한 상황 속에서의 인권을 다루게 되었고 독서 시간에 읽은 조지 오웰의 소설 『1984』를 통해 연계성을 찾게 되었습니다.

4. 동기 및 호기심(질문하기, 문제 제기 등)

코로나 역학조사 단계에서 국민의 안전을 위한다는 명분으로 국가의 감시체계가 강화되면서 개인의 자유가 침해되거나 통제된다는 것이 합당한지 의문을 가짐.
독서 시간에 배운 조지오웰의 소설 『1984』의 빅 브라더와 연관지어 흥미를 갖게 됨.

→ 코로나 역학 조사 단계에서 개인 신상 정보에 대한 노출이 문제가 되었고, 개인의 자유와 국가의 안전 사이에서 여러 가지 갈등 상황이 빚어지는 것을 다양한 매체를 통해 알 수 있었습니다. 또한 조지오웰의 소설에서 빅 브라더의 텔레스크린이나 도청장치를 써서 대중을 감시하고, 통제하는 내용이 나오는데 이러한 것에 연관성을 찾으면서 더욱 흥미를 가지게 되었습니다. 또한 제레미 벤담의 파놉티콘은 현대 CCTV와 그 맥을 같이 하고 있으며 디지털 파놉티콘이라는 용어로 그 개념이 확장되었습니다. 이러한 관계 속에서 권력과 인권 사이의 통제 범위와 수업 시간에 배운 내용이 연계되면서 흥미를 가지게 되어 이 탐구보고서를 작성하게 되었습니다.

5. 키워드

역학조사	코로나	파놉티콘	벤담	위치추적
감시	인권			

6. 목적 및 필요성

> 국가를 위한 개인정보(인권)의 보호를 어디까지 양보해야 하는지, 그 가치에 대해서 학생들은 어떻게 생각하고 있는지 알아봄으로써, 개인의 자유와 인권에 대한 국가의 통제 범위와 그 정당성에 대해 고민해 보는 시간을 가지고 동시에 그것에 대한 인식을 고취시키는 것이 목적이다.

→ 국가를 위한 통제가 개인의 인권과 자유를 어느 정도의 범위까지 침해할 수 있는지 학생들의 의견과 목소리를 들어보고 이 부분에 대해 심도 있는 고민을 해 보고 싶었습니다.

7. 세부 연구방법(1번에서 해당하는 부분에 작성하세요.)

1) 질적연구
□ 질문법 □ 문헌연구 ■ 인터뷰(면접법) □ 참여 관찰법

(1) 탐구설계

	내용	비고
재료(도구)	핸드폰(녹음 앱)	
조사 대상	고1 학생	
조사 기간	5월 23-27일	
자료 분석(해석)	인터뷰 녹음 분석	

2) 양적연구

□ 설문지법 □ 실험 방법

(1) 탐구설계

	내용	비고
재료(도구)		
조사 대상		
조사 기간		
자료 분석(해석)		
가설설정		

3) 혼합연구(질적연구 + 양적연구)

□ 질문법 □ 문헌연구 □ 인터뷰(면접법) □ 참여 관찰법
□ 설문지법 □ 실험 방법

(1) 탐구설계

	내용	비고
재료(도구)		
조사 대상		
조사 기간		
자료 분석(해석)		
가설설정		

8. 기대효과

국가의 감시체계에 대한 인식의 정도를 알아보고 실제 학생들의 생각이 어떠한지 알아봄으로써 개인의 인권침해와 국가의 개입에 대한 범위에 대해 생각해 보는 계기가 되었으면 한다.

→ 학생들의 목소리를 현장에서 들어보고 이 부분에 대한 인식을 고취시키는 것에 목적이 있습니다.

9. 제언 및 한계점(후속 탐구)

인터뷰 대상이 학생으로 한정되어 있었기에 다양한 관점에서 의견을 들을 수 없다. 따라서 개인의 인권침해와 국가의 개입에 대한 허용범위에 대한 다양한 의견을 듣는 데에는 한계가 있다.

→ 사실 논문이라기보다 보고서 양식의 결과물이기 때문에 여러 가지 한계가 많이 있었습니다. 하지만 학생의 입장에서 인터뷰 형식의 글을 써 본다는 것에 의의를 두고 작성해 보았고, 인터뷰 대상과 인원 등에 대한 구체적이고 체계적인 계획이 향후 더 필요합니다.

10. 개요(목차)구성

I. 서론
   목적과 필요성
   문제점 제시 – 1. 개인의 인권은 국가차원의 안전을 위해 통제될 수 있는가?
                2. 국가의 통제는 어디까지가 합당한가?

→ 전체적인 개요를 작성해 봄으로써 글의 일관성과 응집성을 높이기 위한 과정입니다. 건물을 완성하기 전 전체적인 골조를 세우는 것이 무엇보다 중요하듯이 글을 완성하기 전에 개요 작성은 무엇보다 중요하다고 생각합니다.

11. 참고문헌

• 손윤호(2021). 코로나 시대의 공공의 이익과 개인의 자유에 대한 법치국가적 역할에 대한 연구. *인문사회 21, 12*(1), 2879-2894.

• 신응철(2021).코로나19 시대와 파놉티콘 다시 보기.현대유럽철학연구, (60), 75-98.

• 정여진(2021). 개인정보 보호인식이 코로나19 방역행동에 미치는 영향. 국내석사학위논문 청주대학교 보건의료대학원.

• 구윤회(2009). 다망감시로써의 슈퍼 파놉티콘을 통한 현대사회의 시선의 권력관계. http://koreascience.or.kr/article/JAKO200908856862369.pdf(검색일: 2022. 5. 10)

• 시민사회공동성명서. HUMAN RIGHTS WATCH. (2020년 4월 2일). https://www.hrw.org/ko/news/2020/04/02/340273

• [에디터 프리즘] 코로나가 불러온 '파놉티콘' 사회. 중앙일보. (2020년 6월 6일). https://www.joongang.co.kr/article/23795072#home

• 코로나바이러스 감염증-19 대응에서의 인권문제. HUMAN RIGHTS WATCH. (2020년 3월 19일). https://www.hrw.org/ko/news/2020/03/19/339654

→ 책이나 인터넷을 참고했다면 그 출처에 대해 명확히 밝혀야 합니다. 글의 주장에 대한 신뢰성 있는 근거를 제시할 수 있고, 학문적인 정직성을 유지하기 위해 꼭 필요한 과정이라 생각합니다.

탐구 보고서

코로나 시대 디지털 파놉티콘 : 국가 정책에 따른
개인의 인권 보장에 대한 인식 탐구

교과목 연계 : 통합사회, 독서

2022. 00.

학교명	○○고등학교
학번	○○○○○○
이름	박○○

키워드 : 역학조사, 코로나, 파놉티콘, 벤담, 위치추적, 감시, 인권

목차

Ⅰ. 서론

코로나 시기에 많은 변화가 우리 사회를 흔들었고, 그 상황 속에서 감시와 처벌의 범위에 대한 논란이 주목을 받게 되었다. 코로나 역학 조사 과정에서 개인 신상 정보 노출과 인권 침해 사례들이 거론되었고, 국가의 개입에 대한 찬반 논란들이 많이 있었다.

통합 사회 시간에 인권보장과 헌법에 대해 배우면서 현대 사회에 등장하게 된 디지털 파놉티콘에 대해 알게 되었고, 독서 시간에 읽은 조지 오웰의 소설인 『1984』에 등장하는 빅브라더의 존재와 연관성을 찾게 되었다. CCTV와 같은 현대 파놉티콘이 코로나 상황에서 개인의 사생활을 침해하는 하나의 도구로써 역할을 했다는 것을 보면서 코로나 시대와 디지털 파놉티콘과의 관계를 국가

정책과 개인의 인권 보장 측면에서 고민해 보면서 흥미를 가지게 되었다. 국가를 위한 개인정보(인권)의 보호를 어디까지 양보해야 하는지, 그 가치에 대해 학생들은 어떻게 생각하는지 인터뷰를 통해 알아 보았다.

II. 본론

1. 이론적 배경

가. 파놉티콘의 정의

파놉티콘은 영국의 공리주의자인 제레미 벤담이 설계한 근대적 감옥의 건축물이다. 파놉티콘은 그리스어로 '다 본다'(Pan: all + Opticon ; seeing 또는 vision)라는 뜻이다.

처벌보다는 인간의 정신을 통제하려는 의도에서 등장한 근대 감옥의 형태를 말한다. 즉, 건축구조물의 공간을 나누어 죄수들은 간수들의 활동을 살필 수 없고, 항상 노출이 되는 죄수들은 간수들이 자신을 감시하고 있다는 것을 내재화하여 스스로 행동을 통제하고 자발적으로 훈육되는 시스템이다. 이러한 개념을 프랑스의 철학자인 미셸 푸코가 확장시켜서 권력이 다수를 감시하는 사회에서, 개개인은 언제 감시받고 있는지 알 수 없기 때문에 늘 감시당하는 가정하에 행동하게 된다는 개념이다.

나. 현대사회와 파놉티콘(디지털 파놉티콘)

현대판 파놉티콘은 CCTV에서 찾아 볼 수 있다. CCTV는 우리 생활과 밀접하게 연관되어 있다 보니 개인 인권침해나 사생활 보호 문제가 자주 대두되고 있다.

정보통신기술이 발전함에 따라 파놉티콘의 의미인 일망 감시 체계의 개념이 다망 감시 체계로 변화하게 되었다. 그 예로는 스마트 카드, 웹상의 CMS(Content Management System)를 이용한 방문자 통계, 웹 사이트 회원 가입과 인터넷 쇼핑, RIFD기술 기반 위치추측 시스템, 자동차 내비게이션 등이 현대 사회에서 찾아 볼 수 있는 다망 감시 체계들이다.

이렇듯 현대사회에서 첨단기술 정보에 의해 개인이 통제되는 것을 디지털 파놉티콘이라고 한다.

다. 코로나19 대응 관련 법적 근거

코로나19 대응 관련해서 법적 근거를 살펴봄으로써 개인 정보 공개나 개인의 자유 침해 등 인권에 대한 제한 범위를 알아보도록 하겠다.

국제 인권법(국제인권규약 A규약 제 12조)에서는 심각한 공중보건 위협과 국가의 운명을 위협하는 위급 상황에서 개인의 자유가 일부 제한을 받을 수 있다고 명시하고 있다.

우리나라의 감염병예방법 72조의2 1항에서는 보건복지부장관이 '감염병 예방 및 감염 전파의 차단을 위하여 필요한 경우' 여러 기관에 감염병 환자 및 감염병 의심자의 개인 정보를 요구할 수 있도록 하고 있다. 여기에서 성명, 주민등록번호, 주소 및 전화번호 등의 인적사항, 처방전 및 진료 기록부 등 의료정보, 출입국관리기록 등의 개인정보와 이동경로를 파악하기 위한 정보가 포함된다. 시행령 32조의 2는 이동경로 파악을 위해 수집하는 정보로 신용카드의 사용내역, 교통카드 사용내역, CCTV 영상 정보 등을 규정하고 있다.

하지만 이러한 법적 근거를 바탕으로 시행된 코로나19 대응 과정에서 개인 정보유출로 많은 논란이 있었고 여러 단체나 전문가들의 우려가 있었다.

2020년 3월 16일 유엔 인권 전문가들은 개인 정보를 국민의 건강을 보호한다는 미명하에 억압적인 조치를 취하기 위한 은폐물로 이용해서는 안 된다고 강조했다. 또한 2020년 4월 시민사회 공동성명서에서 휴먼라이츠와치, 엠네스티, 엑세스나우 같은 세계적인 시민사회, 인권사회 역시 코로나19에 대응하는 정부의 조치가 자칫 디지털 감시가 될 수 있음을 우려하며 이를 방지하기 위한 원칙들을 권고하였다.

실제로 역학 조사 과정에서 민감한 개인 정보가 다수 노출되었다. 문제는 이러한 정보 수집이 조사관의 자의적인 판단에 맡겨졌을 뿐 이를 통제할 수 있는 아무런 장치가 없다는 것이다. 감염병 예방법에서는 집행기구를 감독하고 남용을 막을 수 있는 아무런 절차를 두고 있지 않다. 또한 감염병 대응과정에서 수집한 개인 정보를 파기해야 하는지, 언제쯤 수집한 정보를 파기할 것인지에 대한 법적 근거도 명확하지 않다고 한다.

2. 탐구 방법

본 탐구 보고서는 탐구자가 다니는 고등학교 학생들을 대상으로 인터뷰를 진행하였다. 인터뷰 조사 기간은 5월 23-27일 5일간 학교에서 진행하였다. 진행 방식은 학생들에게 질문을 하고 그것을 핸드폰 녹음 앱을 사용하여 답변을 녹음하였다. 탐구 목적에 부합하는 질문을 미리 준비하여 그것을 질문 내용으로 사용하였다. 주요 인터뷰 질문 내용은 다음과 같다.

1) **주요질문1** : 코로나 상황, 역학조사 과정에서 개인정보 공개나 인권침해의 논란이 있었습니다. 이러한 상황에서, 개인의 인권은 국가차원의 안전을 위해서 통제할 수 있다고 생각합니까?
    본인의 생각을 말해 주세요.
2) **주요질문 2** : 국가 감시체계에 대해 알고 있는 게 있습니까?
3) **주요질문 3** : 인권 침해라고 생각되는 경험이 있습니까? 있다면 말해 보

세요.

인터뷰 내용은 사전 동의하에 모두 녹취되었다. 인터뷰는 참가자들의 의견 교환 흐름에 맞춰 질문 순서를 바꿔가며 진행하였고, 필요에 따라 추가 질문을 하였다.

3. 탐구 결과

첫 번째 질문인 "코로나 상황, 역학조사 과정에서 개인정보 공개나 인권침해의 논란이 있었습니다. 이러한 상황에서, 개인의 인권을 국가차원의 안전을 위해서 통제할 수 있다고 생각합니까?"에 대한 답변으로 학생들 대부분 개인의 인권은 국가 차원의 안전을 위해서라도 침해당하면 안 된다는 생각을 가지고 있었다.

"개인의 인권이 국가 차원의 안전을 위해 침해당하는 것은 부당하고 생각합니다….또한 저도 어디를 방문하든 항상 이름과 전화번호를 써야 하는 상황이 늘 불편했습니다. 제가 이름과 전화번호를 쓰고, 다음 사람이 기다렸다가 쓸 때 혹시나 핸드폰으로 사진을 찍어서 누군가가 노출시키지 않을까 걱정을 했던 적이 많았습니다. 개인정보가 도용되는 루트가 많기 때문에 더욱 그랬습니다. 전화번호와 이름을 쓰지 않으면 출입을 거부당하기 때문에 이것이 바로 사생활 침해가 아닌가 싶었습니다.…또한 코로나 초기에 주변에 있는 한 아이스크림 가게 사장님께서 너무 힘들어하신 적이 있었습니다. 그 이유는 어떤 확진자가 그 아이스크림 가게에 다녀갔다는 이유로 그 아이스크림 가게가 SNS에서 퍼지게 되었고 그 가게 위치와 사진 등이 모두 노출되어 사장님은 한동안 장사를 하지 못하게 되었기 때문입니다. 이러한 상황에 대해서도 국가에서 정책적으로 보호해 줘야 한다고 생각하는데 그런 조치가 잘 이루어지지 않았다고 생각합니다.

한 가지 더 생각나는 게 있는데 자녀한테 코로나 백신 접종을 안 시키면 아이와 부모를 떨어뜨려 놓는 법안이 발의되어서 문제가 되었던 것을 뉴스에서 본 적이 있습니다. 게다가 정부에서 코로나 백신을 맞지 않으면 학원을 등원하지 못한다고 해서 논란이 불거졌던 것으로 알고 있습니다. 국가에서 개인의 권리를 침해한다는 이유로 바로 사라진 것으로 알고 있습니다. 이러한 것을 보면서 국가의 안전이라는 것을 빌미로 인권이 침해당하는 사례를 많이 보았습니다. 개인의 인권이 보장되어야 국가의 안전도 있을 것이라고 봅니다." [A학생]

"아닙니다. 만약 국가 안전을 위하여 인권이 무시된다면 그건 독재와 다를게 뭔가요? 우리나라의 역사 속에서도 찾아볼 수가 있잖아요. 예를 들어 5.18을 생각해 보면 국가비상계엄령을 선포하고 결국은 정권 유지에 급급했던 거 아닙니까? 그 과정에서 인권이 보호되지는 않았다고 생각합니다. 그래서 저는 국가 차원의 안전이라는 명분하에 국민의 기본권리를 무시해서는 안 된다고 생각합니다." [B학생]

대중매체를 통해 알게 된 우리나라의 인권침해 사례와 5.18 등의 역사적 사건을 예로 들면서 국가의 안전을 내세워 통제에 대한 정당성을 얻으려 했지만 사실상 그렇지 못했던 사건들을 근거로 자신의 의견을 주장하였다. 특히 코로나 상황에서 정부가 역학조사를 이유로 개인정보에 대한 노출이 심했고 그로 인해 피해를 입은 사람들의 이야기를 언급해 주었다.

국가 감시체계에 대해 알고 있는지에 대한 두 번째 질문에 대한 답변을 보면 학생들은 사실 국가의 감시 체계에 대해서는 CCTV나 주민등록증 발급 시의 지문등록 정도만 알고 있는 것으로 나타났다.

"국가 감시 체계에 대해서는 잘 모르고 있습니다. 안기부 등을 통해서 많은 사람들을 감시했다고 들었습니다. 지금은 어떤 감시체계가 존재하는지 모르지만 CCTV가 그 역할을 하고 있지 않나 싶습니다. 동네에서도 CCTV가 없는 골목이 없고 상점에도 대부분 CCTV가 있습니다. 이러한 것을 이용하여 이번에 코로나 상황에서도 역학조사가 이루어질 때 감시체계로서 큰 역할을 했습니다. 따라서 이러한 CCTV는 늘 국가가 감시할 수 있는 수단으로 작용하고 있지 않나 싶습니다." [A학생]

"주민등록증 발급 시의 지문 등록 정도입니다. 만 18세 이상은 대한민국 국민임을 증명해야 하므로 주민등록 발급받는다는 것은 이해가 가고 범죄예방 같은 안전을 위해서도 필요하겠지만 지문을 반드시 등록해야 한다는 것은 국가 차원의 감시체계라고 생각합니다." [B학생]

세 번째는 인권침해라고 생각되는 경험이 있는지, 있다면 무엇이었는지에 대해 질문하였다. 아무래도 학생들 대상의 인터뷰였기 때문에 두발자유나 학교에서의 핸드폰 사용 제한이나 외박, 외출 등을 인권침해의 사례로 제시하였다.

"일단 학생으로서 핸드폰 위치추적이나 사용제한이 인권 침해라고 생각합니다. 물론 저의 안전을 위해서 핸드폰 위치 추적이 이루어지고 있다고 하지만 제가 언제 어디에 가는지 일거수일투족이 모두 감시당한다고 생각하기 때문에 이것이 인권 침해의 한 종류가 아닐까 싶습니다. 그리고 학교에서 핸드폰을 수거해서 사용을 금지하는 것도 인권침해라고 생각합니다. 제가 기숙사 생활을 하는데, 외박과 외출이 자유롭지 않다는 것도 주변에서 생각해 볼 수 있는 인권 침해라고 생각합니다." [A학생]

"학교규칙이요. 두발 자율화해야 해요. 제가 이뻐서 하는 건데 왜 강제로 학교에서 길이를 정해 주고 자르라고 하나요? 머리가 길면 정신이 사나워서 공부에 지장을 준다는데 그것도 저희가 자율적으로 해야 하는 거 아닌가요?" [B학생]

Ⅲ. 결론

본 탐구는 개인의 자유와 인권에 대한 국가의 통제 범위와 그 정당성에 대해 고민해 보면서 학생들의 인권에 대한 인식을 고취해 보고자 하였다.

학생들의 인터뷰 결과 학생들은 국가 차원에서 국민의 안전과 건강을 담보로 하는 경우에도 개인의 인권은 침해당하면 안 된다는 생각을 대부분 가지고 있었다. 국가의 감시체계에 대해서 학생들은 잘 모르고 있었고, CCTV나 지문등록 정도의 일상생활에서 찾아볼 수 있는 것들만 알고 있었다. 이를 통해 학생들은 국가의 안전을 위한 정책이나 감시체계에 대한 인식이 부족한 상태에서 정부의 감시 감독 체계에 대한 신뢰도 또한 낮은 것을 알 수 있었다.

우리는 독재 정권 시절 공공의 이익이라는 명목하에 개인의 자유와 권리가 희생당하고 억압당한 역사를 가지고 있다. 지금도 공공의 이익을 앞세워 개인의 자유를 침해하고 그것을 당연히 여기는 것은 아닌지 생각해 볼 필요가 있다. 안전에 대한 불감증이 있는 것처럼 당연히 누려야 할 권리를 집단의 이익을 위해서라면 기꺼이 희생하는 것이 맞다는 논리를 자연스레 강요당하고 있는 것은 아닌지 생각해 봐야 할 것이다. 감염병 대응이라는 긍정적인 면 뒤에 언제든지 시민에 대한 감시 체제가 될 수 있음을 유념해야 할 것이다.

어떠한 경우에도 공공의 목적을 위해 개인의 인권을 침해해서는 안 될 것이다. 국가는 개인의 자유를 무리하게 침해하고 있는 것은 아닌지 끊임없는 점검과 성찰을 해야 할 것이다. 또한 개인과 집단을 추적하고 감시하는 디지털 기술이 인권을 존중하는 방식으로 이행되도록 정부의 리더십이 필요하다. 개인은 자신의 권리를 정당하지 않게 침해당하고 있지는 않은지 적극적인 자세로 바라봐야 할 것이다.

후속 탐구에서는 인터뷰 대상을 학생뿐 아니라 다양한 기관의 사람들로 확대함으로써 다각도의 관점에서 인권에 대한 탐구가 진행되기를 바란다.

〈참고문헌〉

손윤호(2021). 코로나 시대의 공공의 이익과 개인의 자유에 대한 법치국가적 역할에 대한 연구. *인문사회 21, 12*(1), 2879-2894.

신응철(2021).코로나19 시대와 파놉티콘 다시 보기. 현대유럽철학연구, (60), 75-98.

정여진(2021). 개인정보보호인식이 코로나19 방역행동에 미치는 영향. 국내석사학위논문 청주대학교 보건의료대학원.

구윤회(2009). 다망 감시로써의 슈퍼 파놉티콘을 통한 현대사회의 시선의 권력관계. http://koreascience.or.kr/article/JAKO200908856862369.pdf(검색일: 2022. 5. 10)

시민사회공동성명서. HUMAN RIGHTS WATCH. (2020년 4월 2일).
https://www.hrw.org/ko/news/2020/04/02/340273

[에디터 프리즘] 코로나가 불러온 '파놉티콘' 사회. 중앙일보.(2020년 6월 6일).
  https://www.joongang.co.kr/article/23795072#home
코로나바이러스 감염증-19 대응에서의 인권문제. HUMAN RIGHTS
  WATCH.(2020년 3월 19일). https://www.hrw.org/ko/news/2020/03/19/
  339654

[인터뷰 방식은 어떻게 보고서가 이루어지는지 간접체험을 하기 위해 약식으
로 작성되었다는 점을 고려해 주기 바랍니다.]

탐구 계획서

학번 : ○○○○○○

이름 : 최○○

1. 탐구 형식

■ 질적연구 □ 양적연구 □ 혼합연구(질적연구 + 양적연구)

→ 교과수업에서 배운 내용을 희망 진로와 연결하여 심화 탐구하고자 선택하게 되었습니다.

2. 주제선정

동아시아 지역의 역사적 갈등 해결과 미래지향적 관계 개선을 위한 한중일 공동 역사 교과서 편찬에 관한 고찰

→ 세계를 선도하는 길잡이 역할이 서구 중심에서 아시아 중심, 그 가운데서도 동아시아 3국인 한국, 중국, 일본에 그 이목이 쏠리고 있지만, 서로 협력하여 더 발전적인 모델을 만들 수 있음에도 역사적 화해를 이루지 못해 제자리를 맴돌고 있어, 다음 세대에게는 바른 역사를 가르치기 위한 협력이 필요하다는 생각에 주제를 정했습니다.

3. 교과목 연계(사진 삽입 가능)

교과목 및 단원명		교과명	단원명
	1	동아시아사	오늘날의 동아시아
	2	세계사	동아시아 지역의 역사

→ 사회교과군의 동아시아사와 세계사 단원의 수업내용을 바탕으로 역사적으로 상호 간에 많은 영향을 주고 받았던 관계인 한중일 3국의 역사를 되짚어 보고 미래지향적인 관계를 설정해 보고자 했습니다.

4. 동기 및 호기심(질문하기, 문제 제기 등)

동아시아 3국 간 역사 왜곡으로 인한 미래지향적 동반자 관계가 제자리걸음을 하고 있다는 것은 각국의 관점에서 역사를 바라보고 있기 때문이라는 인식에서 이에 대한 해결방안을 탐색해 보고자 집필하게 되었다.

→ 한중일 정상회담이나 외교 담당관들의 회담에서는 늘 미래지향적 동반자 관계를 발표하지만 역사적 화해와 존중에는 다소 차이가 크다는 것을 느낄 수 있습니다. 이는 학교 역사교과서의 내용에서도 자국의 이익을 위해 역사적 사실을 왜곡해 지도하고 있어 문제가 되고 있었고, 이로 인해 연구의 필요성을 느꼈습니다.

5. 키워드

역사	역사 왜곡	동아시아 역사	공동역사 교과서	바른 역사 세우기
역사 바로 알기	갈등과 화해			

6. 목적 및 필요성

한국, 일본, 중국의 역사적 갈등이 지속되고 있는 이유들 중 하나는 자국의 입장만을 내세워 역사를 가르치고 있다는 것이다. 상호 간의 진정한 이해와 평화를 위해 미래세대인 학생들에게 올바른 역사를 가르치고자 동아시아 3국의 공동 역사 교과서 집필이 필요하다고 생각하였다.

→ 한중일 3국의 미래 동반자적 관계를 모색하려면, 서로에 대한 이해와 존중이 필요하다고 생각하였고, 이를 위해서는 한중일 3국의 역사적 관계를 바르게 가르치는 것에서부터 시작해야 한다고 생각했습니다.

7. 세부 연구방법(1번에서 해당하는 부분에 작성하세요.)

1) 질적연구
□ 질문법 ■ 문헌연구 □ 인터뷰(면접법) □ 참여 관찰법

2) 양적연구
□ 설문지법 □ 실험 방법

(1) 탐구설계

	내용	비고
재료(도구)		
조사 대상		
조사 기간		
자료 분석(해석)		
가설설정		

3) 혼합연구(질적연구 + 양적연구)

☐ 질문법 ☐ 문헌연구 ☐ 인터뷰(면접법) ☐ 참여 관찰법 ☐ 설문지법
☐ 실험 방법

(1) 탐구설계

	내용	비고
재료(도구)	인터뷰 내용 채록을 위한 휴대용 녹음기, 녹화기	
조사 대상	관련 분야 교사 및 지식인	
조사 기간	2022.00 ~ 2022.00	
자료 분석(해석)	인터뷰, 문헌자료, 사료를 바탕으로 공동 역사교과서 제작의 필요성 재고	
가설설정	중국과 일본의 역사 왜곡을 확인할 수 있다	
	공동 역사 교과서 편찬에 공감한다	

→ 선행 연구된 문헌자료를 기반으로 주장을 뒷받침하고, 관련 교과 지도교사와 전문가를 인터뷰하여 필자가 주장하고자 하는 내용의 이론적 타당성을 확인하고자 했습니다.

8. 기대효과

> 한중일 3국의 협력과 미래 발전을 위해 더 이상 서로 간의 오해가 없도록 왜곡된 역사를 바르게 잡고자 노력하는 자세를 취해야 한다. 이를 위한 방안의 일환으로 본 탐구에서 주장하는 공동 역사 교과서 편찬에 공감한다.

→ 주제를 정하고 해당 교과 교사집단과 교과를 배우는 학생집단의 의견 청취를 통해 이번 연구의 필요성에 다수가 공감하고 있음을 알 수 있었습니다. 공동 역사 교과서 편찬의 의의와 필요성을 인식할 수 있는 기회가 되기를 바랐습니다.

9. 제언 및 한계점(후속 연구)

> 본 탐구의 관련자로부터 한중일 3국의 역사 집필에 대한 입장을 직접 들을 수는 없었다. 이를 해결하기 위해 각국의 입장을 담은 문헌 자료를 바탕으로 견해를 추적할 수밖에 없다.

→ 참고한 문헌의 집필자와의 대면, 또는 서면 인터뷰를 통해 문헌분석 과정에서 들었던 궁금한 점을 해결하는 과정도 필요해 보입니다.

10. 개요(목차)구성

> Ⅰ. 서론
>
>   1. 탐구 주제 및 탐구 동기
>   2. 탐구의 필요성
>   3. 탐구의 목적성
>
> Ⅱ. 본론
>
>   1. 탐구 과정
>   (1) 문헌 조사 연구
>   2. 탐구 결과 예상
>   3. 탐구에 대한 고찰
>
> Ⅲ. 결론 및 탐구의 의의

→ 개요 작성을 통해 탐구보고서 집필의 전체적인 방향을 계획할 수 있었습니다.

11. 참고문헌

- 독일 프랑스 공동 역사 교과서 −1945년 이후 유럽과 세계. 독일·프랑스 공동역사교과서 편찬 위원회. 김정인
- 일본의 한국사 왜곡과 역사 치유. 한일관계사 연구. 저자 엄찬호
- 중국의 역사 왜곡 현장에 관한 사례분석. 소길수
- 동아시아의 역사대화와 학문 외적 환경−한중일의 공동역사 편찬 작업과 한계. 윤휘탁
- 왜곡된 일본 역사 교과서의 임나에 관한 고찰. 신용우, 이범관
- 개정 동아시아사 교육과정의 성격과 특징. 이경훈
- 일본 교과서 문제의 역사적 경위와 실태. 남상구

→ 탐구보고서를 통해 주장하고자 하는 "공동 역사 교과서 집필의 필요성"이 선행 연구가 되어 있다는 것을 통해 설득력을 높이고자 했습니다.

탐구 보고서

동아시아 지역의 역사적 갈등 해결과
미래지향적 관계 개선을 위한
한중일 공동 역사 교과서 편찬에 관한 고찰

교과목 연계 : 동아시아사, 세계사

2022. 00.

학교명	○○고등학교
학번	○○○○○○
이름	최○○

키워드 : 역사, 역사 왜곡, 동아시아 역사, 공동역사 교과서, 바른 역사 세우기,
역사 바로 알기, 갈등과 화해

목차

Ⅰ. 서론

1. 탐구 주제 및 탐구 동기

2001년 일본의 우익 단체가 그들의 대외적 침략과 지배를 옹호하는 역사관을 드러낸 역사교과서를 만들었다. 중국 역시 2009년까지 동북공정을 진행하는 등, 한국과 역사 외교적인 면에서 큰 갈등을 빚었다. 이를 통해, 우리는 현재 동아시아 사회의 분위기가 여러 역사 및 영토문제로 갈등과 대립이 격화되어가고 있음을 알 수 있었다. 시민단체 차원의 역사를 바로 알리기 위한 움직임이 진행되고 있지만, 동아시아 각국 사이의 정치, 외교적 관계나 국민 정서는 오히려 대화를 통한 화해의 방향과는 다른 대립, 갈등의 방향으로 치닫고 있다.

우리는 이 문제가 각국의 관점으로 치우쳐져 있는 역사 교과서와 역사 교육이 시발점이 된 것으로 보았으며, 그렇기 때문에 동아시아 역사 갈등 해결을 위한 해결 방안 탐색을 탐구주제로 선택하게 되었다.

2. 탐구의 필요성

동아시아 역사 갈등의 해결방안을 탐구 주제로 현재 동아시아 각국의 정치적 상황과 군사적 상황을 대입해서 봤을 때, 각국의 관점에 치우쳐져 있는 현재 역사 교과서 문제를 해결함과 동시에 그를 통한 각국 국민들의 정서, 인식을 회복시켜 동아시아 3국이 세계 평화에 이바지하기 위해서라도 이 탐구는 필요하다고 생각한다.

역사는 흘러간 과거의 골동품 지식이 아니라 현재를 살아가는 사람들이 성찰해야 할 본보기이고, 미래로 나아가기 위해 설정할 지표이다. 역사에는 인류가 살아온 발자취가 남아 있고 삶의 지혜가 담겨 있다. 따라서 자국의 역사와 인근 지역의 역사를 연구하여 과거의 과오를 되새기고, 앞으로 나아갈 방향을 탐색하고자 한다. 한 국가의 역사는 주변국과 상호작용하며 발달한 역사이며, 이 지역을 앎으로써 상대 문화를 깊이 이해할 수 있고 공동 발전을 꾀할 수 있다. 그러므로 아시아사의 역사는 우리 선조의 역사는 물론, 우리가 주변국과 무엇을 교류하고 어떤 갈등을 겪었는지 알아볼 수 있는 거울이다.

동아시아 각국이 상호 간의 진정한 이해와 평화를 누리기 위해서는 미래를 짊어지고 나갈 학생들이 동아시아의 역사를 체계적으로 공부할 필요가 있다는 것에서 이 탐구의 중요성을 들 수 있다.

3. 탐구의 목적성

신뢰성이 있는 사료와 논문을 기반으로 한 객관적 자료와 함께 공정한 관점에서 한중일 동아시아사를 깊이 있게 탐구하며, 각국의 현 역사교과서의 문제점을 짚고 이를 고발하는 것이 주요 목적이다. 한국 역사교육계의 주요 관심 주제인 민족주의적 세계사, 근현대사 교육, 식민 경험과 민족주의, 주제사 중심의 과목 운영 등의 문제를 중심으로 외국 교과서의 사례와 비교, 검토하는 것이 세부 목적이다.

또한 외국의 역사교과서의 다양한 사례를 조사하고 비교 분석한 것을 바탕으로 동아시아 역사 분쟁의 해결방안을 모색한다. 이것을 통해 양국 국민이 갖고 있는 역사의식 및 집단기억을 제대로 알아보고, 전범국이지만 과거 극복을 훌륭히 했다고 평가되는 독일과 상대적으로 과거 극복에 대한 논란이 끊이지 않는 일본의 과거사 청산 모습을 비교해 정당한 근거로 비판하면서 자국사를 넘어선 화해와 평화를 도모하는 동아시아의 바람직한 발전을 위해 객관적 시각에서 서술된 동아시아 3국 간의 공동 역사 교과서를 제작하는 것이다.

II. 본론

1. 탐구 과정
(1) 문헌 조사 탐구
① 독일 프랑스 공동 역사 교과서

1920~1930년대부터 양국 간 관계 개선에 관심을 갖고 있던 독일과 프랑스 역사학자와 역사교육 관련자들, 학생들의 노력으로 만들어진 독일-프랑스 공동 역사 교과서에 관해 저술한 논문이다. 교과서에 서술된 유럽 역사와 한국 역사를 비교하는 것이 주 내용이며, 역사 대화의 원칙으로 승리를 위해 적을 탐지하는 태도, 상대방을 모방하기 위해 학습하는 태도와 달리 자국사의 편견을 대상화하고, 상대방의 입장을 좀 더 깊이 이해하여 역사 분쟁을 해소하기 위한 평화

주의적인 안목을 제시한 것이 특징적이다.

② 일본의 한국사 왜곡과 역사 치유

일본의 역사 왜곡과 관련하여 현재의 일본 교과서의 한국사 왜곡, 일제강점기 이전의 한국사 왜곡, 책 왜곡 사례 등을 제시한 논문으로 일제의 침략의 정당성을 확보하고 한국에 대한 지배를 합리화한 역사 왜곡 논리 등에 대해 반박하거나, 역사적 트라우마라는 개념을 반복적으로 제시해 한일 간 동양평화론, 합법절차론의 논의를 촉구하고 건강한 정치 관계 회복을 강조하는 서술이 주를 이룬다.

③ 중국의 역사 왜곡 현장에 관한 사례분석

중국의 역사 왜곡을 중점적으로 다루는 논문으로, 동북공정 이후 진행되었다고 보는 오녀산성 사적진열관 역사 왜곡 사례와 집안시박물관에 전시된 중국의 고구려사 왜곡, 중국의 현지 기념품과 출판물에 나타난 고구려사 왜곡, 한중 구두합의 이후 1년간 진행되어 크게 논란이 되었던 고구려가 중국 소수민족이라는 내용의 역사 왜곡 등을 예시로 제시하고 있다.

④ 동아시아의 역사 대화와 학문 외적 환경 - 한·중·일의 공동역사 편찬작업과 한계

동아시아의 한·중·일 3국의 학자, 교사, 시민들이 2002년부터 10여 년 동안 역사인식 공유를 위해 공동으로 편찬한 역사책에 관하여 한계점과 문제점을 직접적으로 드러낸 내용으로, 일본사회의 우경화 흐름, 민족주의와 자국 중심주의적 역사관의 강화 등을 한계점의 원인으로 꼽으며 이를 극복하기 위한 방안, 극복해야 하는 이유를 일부 제시하고 있다.

⑤ 왜곡된 일본 역사 교과서의 임나에 관한 고찰

임나일본부가 임나의 실체를 왜곡하기 위해 일본이 날조했던 사실을 밝히고, 임나의 본래 실체를 밝히기 위한 것을 전제로 쓴 논문으로 본 탐구에서는 최근 문제가 되고 있는 일본 새 역사교과서에서 다루고 있는 임나의 왜곡에 대해 문제점을 제시하고 대응방안을 제시하는 방법을 택했으며 범위는 일본 역사교과서에 나오는 문제를 짚어 대응하였다. 잃어버린 우리 영토 대마도를 수복하려는 우리의 의지를 사전에 차단하기 위해 온갖 방법을 동원하고 있는 일본의 속셈을 밝히면서 하루빨리 대마도 수복에 박차를 가할 것을 제안하는 등 대마도를 대한민국의 영토로 보는 관점에서 서술된 글이다.

⑥ 개정 동아시아사 교육과정의 성격과 특징

2015 개정 동아시아사 교육과정의 등장과 구성의 주안점, 특징, 교육과정 상의 문제점과 나아가 이를 해결할 방안을 제시한 논문으로 학문의 구성이 어떠하고, 왜 학문에 대한 교사들의 이해가 부족하며 이를 해결할 교사 연수 프로그램이나, 참고서적 소개 등을 제시하는 등 깊이 있는 표현이 주를 이루는 글이다.

⑦ 일본 교과서 문제의 역사적 경위와 실태

1945년 8월 일본 패전 이후 일본 교과서 기술은 국제주의와 애국주의가 길항(拮抗)하는 가운데 변화해왔다는 인식을 토대로, 식민지 지배와 침략전쟁, 영토문제 관련 기술이 구체적으로 어떻게 바뀌어 왔는지, 이러한 기술의 변화에 일본 정부가 어떻게 관여했는지에 대해 검토하는 것이다. 식민지 지배와 침략전쟁 관련 특정한 역사적 사실이 기술되었는지 여부와 더불어 역사적 흐름 속에서 각 시기별 교과서 기술과 그 변화가 갖는 의미에 주목하였다. 논문에선 일본 교과서의 식민지 지배 및 침략전쟁, 영토문제 관련 기술 변화를 애국주의와 국제주의의 길항이라는 관점에서 정리하여 문제점을 꼬집었다.

2. 탐구 결과 예상

지리적으로 밀접한 지역에서는 경제적, 정치적 이익을 고려해 국가끼리 협력 기구를 만들거나 협정을 맺는 등 활발한 교류를 보이고 있다. 그러나 동아시아는 서로에 대한 혐오 감정과 다양한 갈등 때문에 원활한 교류가 되더라도 언제든 그 관계가 경색될 수 있다.

이에 대해 오래 전부터 쌓여온 민족 감정을 원인으로 보았고, 그에 따라 올바른 역사 인식과 중립적 관점에서 삼국의 문화와 차이를 인정할 수 있는 능력이 중요하다고 생각했고 해결 방안으로 새로운 동아시아 역사 교과서 제작을 선택했다.

탐구의 목표는 각국의 대립 관계를 역사 속에서 이해하며 갈등 상황을 객관적으로 볼 수 있는 능력을 함양할 수 있는 역사교과서를 제작하는 것으로, 이에 따라 다양한 깨달음을 줄 수 있으리라 예상해 본다.

첫째, 현재 우리가 당연시하는 지식에서 벗어나 보다 중립적이고 객관적인 입장에서 역사를 바라보는 인식을 키울 수 있다. 한국의 자료 뿐 아니라 각국의 자료를 비교하는 과정을 거칠 것이기에 그러하다.

둘째, 교과서가 가져야 하는 자세와 주의점을 생각해 보며 그것에 비추어 우리가 역사를 서술할 시 보여야 할 태도에 대해 알 수 있다. 문맥과 단어의 묘한 차이가 어떻게 비춰질 수 있는가에 대해 생각해 본다.

셋째, 역사의 의미에 대해 생각해 보며 역사가 어떤 용도로 사용되고 있는지를 살펴본다. 민족성 강화라는 목적을 띠고 있는 역사가 바람직한가에 대해 생각하고 우리가 지향해야 할 방향에 대해 이야기해 본다.

단순히 역사적 사건에 대해 탐구하는 것이 아닌 샘플 제작이 목표이기에 고려해야 할 상황이 굉장히 많다. 단순한 내용 구성뿐 아니라 교과서 내용 배치나 가독성, 디자인에 대한 것도 고려 대상이 된다. 그럼에도 다양한 활동을 하며 배움을 얻을 수 있을 것이라 생각해 활동을 계획하게 되었다.

3. 탐구에 대한 고찰

'한·중·일 3국의 역사 갈등'에 대한 문제점에 대해 독일·프랑스 사례를 참고하여 한·중·일 전체가 만족할 수 있는 동아시아 역사교과서 제작을 해결 방안으로 삼았다. 그에 따라 현재 3국 간의 논쟁거리가 되고 있는-각국 교과서마다 의견 차이를 보이는- 사건 4가지를 선택해 그에 따른 교과서 시안을 만들어 보는 것으로 마무리 짓기로 결정했다.

모든 교과서 분량을 파악할 수 없고, 시시각각 변하는 역사에 대한 각국의 인식을 반영하지 못한다는 한계점을 인정하고 한일사 관련 주제 하나, 한중사 관련 주제 하나, 중일사 관련 주제 하나, 한중일 모두가 공유할 수 있는 주제 하나를 선정하여 제작할 계획이다. 사건 선정에 있어서는 '첫째, 삼국 간 의견 차가 있는 주제인가. 둘째, 서술함에 있어 근거가 되는 사료가 충분히 존재하는가. 셋째, 교과서에 한 장 분량 정도를 실을 만큼 비중 있는 주제인가.'라는 조건을 고려해 설정하기로 했다.

① 한일사 : 강화도 조약

한일 강제 병합의 원인을 분석하다 보면 그 시발점이 되는 사건이다. 조선 입장에서는 최초의 근대적 조약이었으며, 동시에 불평등 조약이기도 하다. 발발의 원인이 된 운요호 사건과 그 이면에 담긴 일본의 의도에 대해서도 추가적인 조사를 통해 기술할 것이다.

② 중일사 : 청일전쟁

중국과 일본이 가장 직접적으로 대립 구도를 보인 사건이다. 한국의 역사 교과서에서는 청일전쟁을 다루는 내용이 빈약하고, 그 발발 원인인 일본의 경복궁 점령과 전쟁 시 맺어진 조약들에 초점을 뒀다는 한계점이 있다. 최대한 청과 일본에 초점을 맞추어 기술할 것이다.

③ 한중사 : 간도의 역사

간도는 현재 중국 영토로 명시되어 있지만, 과거에는 영토 분쟁이 극심했던 지역이었으며 현재도 '간도 되찾기 운동본부' 등 한국 내 간도에 관한 소유권 논쟁이 분분하다. 백두산정계비에 토문강과 두만강의 명칭에 혼동이 와 북쪽 경계가 토문강으로 표기되거나 조선말의 다양한 이유로 조선인들 다수가 간도로 이주하는 등 조선 사람들에게 간도는 조선 땅으로 인식되었다. 간도가 어떻게 중국 영토로 편입되었는지 그 과정에 대해 살펴볼 것이다.

④ 한중일사 : 동아시아에서 조공이 가지는 의미와 역할

조공이라는 개념이 과연 속국 혹은 제후국이 황제에 갖추는 예의 의미를 가졌는지, 아니면 정치적이고 경제적인 이익을 고려해 형식적으로 보내는 것이었는지에 대한 논란이 많다. 또한 이 문제는 중국의 동북공정 논리에 많이 인용되는 말이기도 하다. 이에 대해 중국과 조공국의 입장을 대조적으로 나타냄으로써 학생들로 하여금 한 의견에 대해 무조건 받아들이기보다는 두 나라의 입장을 고려해 보고 스스로 결론을 내리는 사고능력을 기를 수 있게 도울 것이다.

　한 국가의 형성과정과 뿌리를 배워 민족적 자긍심을 높여주는 것이 역사이며, 역사교과서이다. 그렇기에 그 역사를 배우는 학습자의 입장에서는 기록이 사실이며 왜곡이 없다는 전제를 기반으로 역사를 배운다. 하지만 본문의 사례에서 봤듯이, 일본, 중국, 독일 등은 자국의 이익을 위해 역사를 왜곡하며, 그 왜곡한 역사를 바탕으로 자신들의 이익을 취하려고 한다. 이렇게 되면 국민들은 왜곡된 역사를 배우고, 결과적으로는 그 왜곡에 흡수된다. 예를 들어 일본 같은 경우도 독도는 태정관 문서에 기록된 대한민국의 땅이라는 근거가 명확히 있음에도 불구하고 여전히 독도를 다케시마라고 주장하고 있다. 그런데 대부분의 일본인들도 독도를 다케시마라고 알고 있으며, 그들의 땅이라고 주장한다. 이게 바로 왜곡된 역사를 배웠을 때 나타나는 대표적인 문제점이라고 할 수 있다. 이러한 문제점이 있기에 객관적인 사실을 바탕으로 역사 교과서를 제작할 필요가 있다.

　역사 교과서 제작을 통해 배운 점이 몇 가지 있다. 먼저, '역사는 절대 왜곡되어서는 안 된다'는 것이다. 여러 가지 역사 왜곡 사례, 논문 등에 대해서 조사하면서 역사 왜곡은 양심이 없는 행위임을 알았고, 자국의 역사 왜곡에 물들지 않기 위해서 역사를 바르게 알아야겠다고 생각했다.

　다음으로 '교과서'를 만드는 것은 정말 어렵다는 것을 알게 되었다. 교과서는 객관적인 정보를 제시해야 하고, 특정 나라의 입장을 대변하는 것은 경계해야 한다. 그동안 학교에서 우리 역사를 배우면서 우리의 입장에서 기술될 수도 있다는 것을 예상하지 못하고 공부해 왔는데 그러한 입장을 버리고 객관적인 입장에서 다루다 보니 지금까지 배워온 역사에 대해서 새롭게 바라보는 일도 어렵게 느껴졌다.

〈참고문헌〉

남상구(2016). 일본 교과서 문제의 역사적 경위와 실태:국제주의와 애국주의 길
    항. 한일관계사연구, 제54집, 361-399.

소길수(2005). 중국의 역사왜곡 현장에 관한 사례 분석.고구려발해연구, 20호,
    329-369.

엄찬호(2013). 일본의 한국사 왜곡과 역사 치유. 한일관계사 연구 제44지 224-
    257.

윤휘탁(2014). 동아시아의 역사대화와 학문 외적 환경-한·중·일의 공동역사 편
    찬작업과 한계. 역사교육연구, 20호, 273-314.

이경훈(2019). 개정 동아시아사 교육과정의 성격과 특징. 역사와 교육, 제18호,
    126-142.

 진로 키워드 마인드맵을 통한 주제

탐구 계획서

학번 : ○○○○○○

이름 : 박○○

1. 탐구 형식

■ 질적연구　□ 양적연구　□ 혼합연구(질적연구 + 양적연구)

→ 언어의 특징과 언어의 보편성, 상대성에 대한 다양한 자료를 찾고, 그 안에서 결론을 도
출하기 위해 심층적인 자료 분석을 합니다.

2. 주제선정

언어와 사고의 관계에 대한 고찰 및 영향 연구

→ 언어와 사고의 관계에 대해 연구하면서 이러한 관계를 아는 것이 어떤 의미가 있는지
알아보았습니다. 그리고 이러한 관계가 향후 미칠 수 있는 영향에 대해 생각을 확장시켜
보았습니다.

3. 교과목 연계

교과목 및 단원명		교과명	단원명
교과목 및 단원명	1	언어와 매체	1. 언어와 매체의 본질
	2	사회문화	3. 문화와 사회

→ 언어심리학자가 장래 희망이기 때문에 언어와 매체 시간에 특히 흥미를 가지고 연관성을 찾을 수 있었습니다. 언어와 사고는 문화라는 큰 틀 안에서 다양한 양식을 만들어내기 때문에 사회문화시간에 그것에 대한 연관성을 찾아 관심의 영역을 확장해 나갈 수 있었습니다.

4. 동기 및 호기심(질문하기, 문제 제기 등)

언어와 매체 시간에 배운 내용 중 '언어와 사고'의 관련성에 대해 흥미를 가지게 되었다. 이러한 관심은 사회문화 시간에 '문화와 사회' 관련 단원을 배우면서 언어와의 관련성을 더욱 심화 확장시키게 되었다. 언어가 가지는 특성과 문화 속에서 나타나는 언어와 사고방식에 연관성을 더하면서 매력을 느끼게 되었다. 또한 TED강연에서 인간의 정신과 뇌에 대한 거의 모든 연구가 미국식 영어를 구사하는 학생들에 의해 수행되어 있다는 사실을 보았다. 언어와 사고가 서로 영향을 미칠 수밖에 없기 때문에 영어의 사고방식에 의해서 이루어지는 대다수의 연구들에 대해 의구심을 가져봐야 되지 않을까 라는 생각을 하게 되었다. 즉, 어떤 문화권의 어떤 언어를 사용하는 사람이 연구를 진행하고 결론을 내렸을 때 그 결과에만 집중하기보다 언어권에 따른 사고의 차이에서 오는 오류들이나 관점의 차이에 대해서도 주의를 기울여 봐야 한다는 점이 매우 흥미로웠다.

→ 수업시간에 배운 교과들을 연계해서 언어와 사고와의 관계를 심화 탐구할 수 있었고, TED 강연을 통해 둘의 관계를 연구하는 것이 왜 중요한지 알 수 있는 계기가 되었습니다. "왜"라는 키워드를 중심으로 답을 찾아가는 과정이 흥미로웠습니다.

5. 키워드

#언어와사고 #언어상대성 #인공신경망번역 #만국공용어 #언어생태계

→ 언어와 사고를 중심으로 사고를 확장해 나가면서 그 영향이 미칠 수 있는 다양한 영역들을 키워드 중심으로 생각해 보았습니다.

6. 목적 및 필요성

언어와 사고와의 관계를 바라보는 관점에 대해 알아봄으로써, 언어의 특성을 문화 속에서 바라보고자 하였다. 인간이 아닌 기계번역이나 인공지능 번역은 그 기술이 엄청나게 발전해 나가고 있고, 인간의 언어 중 절반이 사라지고 있다. 이러한 언어적 생태계를 언어와 사고와의 관계 속에서 바라보며 향후 이러한 현상이 우리 인류에 미칠 영향에 대해 미리 고민해 보는 시간을 가져보고자 하였다. 단순히 번역에만 그치지 않고, 언어와 사고의 관계 속에서 서로 다른 문화의 존재 가치를 유지해 나가는 것의 중요성에 대해서도 인식해 보고자 한다.

→ 언어와 사고와의 관계를 파악하는 것은 단지 언어학에만 국한되는 것은 아니라는 것을 알 수 있었습니다. 정치적, 사회적, 문화적, 과학적으로도 이러한 관계를 아는 것이 중요하다고 보았습니다. 융합적인 사고를 통해 더욱더 합리적인 결과를 도출해 낼 수 있다고 생각합니다. 언어와 사고는 모든 인류가 지니고 있는 것입니다. 따라서 이러한 관계를 파악하며 그것이 가지는 영향력에 대해 인지한다면 향후 이어지는 다양한 연구에 있어 좋은 지침이 될 것이라 생각됩니다.

7. 세부 연구방법(1번에서 해당하는 부분에 작성하세요.)

1) 질적연구
□ 질문법 ■ 문헌연구 □ 인터뷰(면접법) □ 참여 관찰법

2) 양적연구
□ 설문지법 □ 실험 방법

(1) 탐구설계

	내용	비고
재료(도구)		
조사 대상		
조사 기간		
자료 분석(해석)		
가설설정		

3) 혼합연구(질적연구 + 양적연구)
□ 질문법 □ 문헌연구 □ 인터뷰(면접법) □ 참여 관찰법
□ 설문지법 □ 실험 방법

(1) 탐구설계

	내용	비고
재료(도구)		
조사 대상		
조사 기간		
자료 분석(해석)		
가설설정		

8. 기대효과

인공신경망 기반 번역시대에서 지구촌의 언어의 장벽은 무너지고 있다. 이러한 현상은 앞으로 어떠한 결과를 초래할 것인가? 의사소통이 원활해진다는 것은 장점만을 가져올 것인가? 만약 컴퓨터 기반 만국 공용어가 생긴다면 어떨 것인가? 또한 컴퓨터 코드가 하나의 언어체계로 자리 잡게 된다면 인류의 문화에는 어떠한 영향을 끼치게 될 것인가? 언어의 특성을 이해하고 언어와 사고의 상호의존성을 이해하는 것은 이러한 시대적 변화에 대응하기 위한 또 다른 관점과 새로운 방향성을 시사해 줄 것이라 생각한다.

→ 우리는 인공 신경망 기반 번역시대 속에 살고 있습니다. 또한 컴퓨터 언어에 모두 집중하고 있습니다. 언어 생태계가 변하고 있기 때문에 그 속에서 우리는 언어와 사고의 관계를 어떻게 바라보고 대처해야 하는지 한 번쯤 고민해 봐야 한다고 생각했고, 언어영역의 장래가 아니더라도 융합적이고 창조적인 사고를 위해 유의미하다고 보았습니다. 다른 학생들도 언어와 사고에 대한 관점에서 본인의 관심 분야와의 연관성을 찾아보기를 기대하고 있습니다.

9. 제언 및 한계점(후속 탐구)

언어와 사고에 관한 더 심도 있는 조사와 탐구가 필요할 것이며 실제 파파고나 구글 번역기 등을 통해 번역 결과물들의 자료를 분석해 보고 싶다. 또한 현재 인공신경망 기반으로 번역한 사례들이 얼마나 문화적 배경에 맞게 번역되고 있는지 조사, 탐구해 보고 싶다.

→ 앞으로 기회가 된다면 실제 번역사례들을 통해 심도 있는 연구를 해 보고 싶습니다.

10. 개요(목차)구성

I. 서론

II. 본론
  1. 언어와 사고의 관계
    1-1. 언어 우위론적 관점
    1-2. 사고 우위론적 관점
    1-3. 독립적인 관점
    1-4. 상호 의존적 관점

  2. 언어 상대주의
    2-1 언어 상대주의의 개념
    2-2 언어와 사고와의 관계(상대주의적 관점)
    2-3 사피어-워프의 언어 상대성 가설

  3. 언어와 문화적 인식의 차이
    3-1 언어와 문화의 차이 실례

III. 결론(제언 및 한계점 내용 포함 - 후속 탐구를 위해서)

IV. 제언 및 성찰

11. 참고문헌

- 권연진(2019). 언어상대성 가설에 대한 재조명.인문과학연구, 60, 223-242.
- Richard E. Nisbett(2004). The Geography of Thought. 최인철(역)(2004). 생각의 지도. 김영사
- 양세욱(2018). 만국공용어 혹은 시지포스의 바위. 인간·환경·미래, 21, 3-39.
- 하치근(2010). 언어 능력과 인지 능력의 상관관계. 한글, 287, 5-43.
- [스페셜 리포트] 'IT시대 만국 공용어', 코드(code)에 주목하라! Samsung Newsroom.(2015년 8월 5일). https://url.kr/l8r1o7
- 인공지능 번역, 언어통일 시대가 오고 있다. 한겨레.(2017년 2월 13일). https://www.hani.co.kr/arti/science/science_general/782345.html
- TED강연 How language shapes the way we think . Lera Boroditsky [비디오 파일] https//www.youtube.com/watch₩?v=RKK7wGAYP6k

탐구 보고서

언어와 사고의 관계에 대한 고찰 및 영향 연구

교과목 연계 : 언어와 매체, 사회문화

2022. 00.

학교명	○○고등학교
학번	○○○○○○
이름	박○○

키워드 : 언어와 사고, 언어 상대성, 인공신경망 번역, 만국 공용어, 언어생태계

목차

Ⅰ. 서론

지구상에는 7,000여 개 종류의 언어가 존재한다고 한다. 언어는 세계를 폭넓게 이해하게 한다. 따라서 어휘의 양이 많다는 것은 세계관이 넓다는 뜻이라고 주장하는 학자들도 많다. 한 사물을 가리키는 말에도 문화권마다 사용하는 어휘의 숫자가 다르다. 그리고 어떤 한 사건에 대해 묘사할 때도 문화권마다 보는 관점이 다르기 때문에 사건의 초점이 달라진다. 이렇게 언어에 따른 사고방식의 차이에 대한 연구는 그 자체로 유의미하기 때문에 끊임없이 연구가 진행되어 왔다. 따라서, 본 탐구에서는 언어와 사고와의 관계를 바라보는 관점에 대해 이론적으로 접근해 살펴볼 것이다. 특히, 언어 상대주의에 대한 개념을 깊이 있게 다루어 볼것이다. 또한 각 문화를 비교하며 언어와 사고의 관점에서 어떠한 차이가 존재하는지 탐구해 볼 것이다.

II. 본론

1. 언어와 사고의 관계

1-1. 언어 우위론적 관점

언어 상대성 이론이나 행동주의에서 주장하는 것으로, 언어가 사고를 결정한다고 보는 관점이다.

브룸필드(Bloomfield)를 비롯한 20세기 학자들은 언어 습득을 습관 형성으로 설명하면서 말이 없으면 사고가 없다는 언어 우위론 입장을 취하였고 이는 언어 상대성 이론과 맥을 같이 한다.

1-2. 사고 우위론적 관점

인지 능력이 언어 능력을 결정한다고 보는 것으로 언어보다 사고가 우위에 있음을 주장하는 관점이다. 인지언어학에서 취하는 입장으로 언어를 인간의 후천적 경험에 의해 습득하게 되는 관습적 표현의 집합체로 봄으로써 인지 능력이 언어 능력을 좌우한다고 보는 입장이다.

1-3. 독립적인 관점

생득론자가 주장하는 입장인데, 언어 능력은 선천적으로 타고나는 것이며 인지 능력과 독립적으로 보는 관점이다. 대표적인 학자로는 촘스키(Chomsky)가 있으며, 그는 언어 발달의 보편성과 창의성을 설명하면서 인간은 규칙을 적용함으로써 무한한 문장을 만들어낸다고 주장하였다. 따라서 인지 능력과는 독립적인 관계라는 입장이다.

1-4. 상호 의존적 관점

태어나서 일정 시기까지 사고가 언어에 결정적인 영향을 미치다가 그 이후에는 언어가 사고에 결정적인 영향을 미친다는 것이 상호 의존적인 관점이다. 대표적인 학자로는 비고츠키(Vygotsky)와 삐아제(Piaget)가 있다. 이 입장에서는 사고가 먼저 발달하고 언어는 그 다음에 발달한다고 주장하고 있는데, 처음에 사고가 언어를 앞서다가 그 뒤부터는 서로 의존적인 관계를 맺는다고 보는 입장이다.

2. 언어 상대주의

2-1. 언어 상대주의의 개념

사전적 의미를 살펴보면 각각의 문화는 그것이 포함하고 있는 언어 체계로 정의되며, 서로 다른 언어를 사용하는 사람들은 서로 다른 세계관을 지니게 된다는 태도나 관점을 가리킨다. 대표적인 학설로는 사피어-워프 가설이 있다.

2-2. 언어와 사고와의 관계(상대주의적 관점)

환경은 사람들의 세계관을 만들고 이러한 세계관은 언어로 표현된다. 언어는 사용하는 사람들로 하여금 해당 세계관을 가지도록 하는 방식으로 말하고 생각하도록 하여 세계관을 강화시킨다. 대표적인 학자는 훔볼트로 언어 상대주의를 처음 주장한 학자이다. 훔볼트는 언어는 사고를 생산하는 기관이라 칭하였다. 한 민족의 사고방식이나 세계를 보는 눈은 다른 민족과 크게 차이가 나는데 이 것은 자신들이 사용하는 언어의 내적 구조가 다른 국민이 쓰고 있는 언어의 구 조와 다르기 때문이라는 것이다. 우리의 사고 과정이나 경험 양식은 언어에 의 존하고 있고 언어가 다르면 사고와 경험 양식도 달라진다는 것이다.

2-3. 사피어-워프의 언어 상대성 가설

언어 상대주의의 가장 대표적인 가설이 사피어-워프의 이론이다. 이는 서 로 다른 문화를 가진 사람들은 서로 다르게 생각하고 행동한다고 보는 입장이 다. 각각 사용하는 언어가 그들로 하여금 그렇게 하도록 영향을 주기 때문이라 는 것이다. 언어를 통해서만 세계를 바라볼 수 있으며, 언어가 사람들의 사고방 식과 세계를 바라보는 관점까지 영향을 미친다는 것이다. 즉, 무지개색을 일곱 가지라고 표현하는 것은 우리가 사용하는 언어가 무지개색을 일곱 가지로 한정 짓기 때문이라고 주장하고 있다. 언어습득 과정에서 인식의 세계는 언어구조로 부터 결정적인 영향을 받는다는 것이다. 다시 말하면 언어가 세계관을 결정한다 는 입장인 것이다.

3. 언어와 문화적 인식의 차이

사람들은 무지개 색깔은 대체로 일곱 가지라고 말하기 때문에 '정말로 무지 개 색깔은 일곱 가지인가? 문화적 차이에 따라 같은 현상을 다르게 바라보고 인 식하는가? 이것은 언어로부터 기인하는가?'라는 질문을 던지게 된다. 리처드 리 스벳의 『생각의 지도』라는 책에서 동서양의 현상이나 사건을 바라보는 관점 차 이에 대한 실험을 하였다. 동양은 전체를 바라보며, 상호 의존적인 고맥락 문화이고, 서양은 부분을 보며, 독립성을 지니는 저맥락 문화라는 것을 입증하는 실험이었다. 닭과 소, 그리고 풀이 나와 있는 그림에서 동양 아이들은 소가 풀을 먹는다는 이유로 소와 풀을 같은 부류로 묶었고, 서양 아이들은 닭과 소를 하나의 그룹으로 묶었다. 서양 아이들은 '범주'를 중요시하고 동양 아이들은 '관계'를 중시한다는 것을 입증하는 실험이었다.

이러한 동서양의 다른 사고 방식은 어디에서 오는 것일까? 여러 가지 원인들이 있을 것이다. 그런데 이러한 사고의 차이를 언어에서 찾는 언어 상대주의자들의 관점에서 여러 가지 현상을 바라보는 것은 큰 의의를 지닐 것이다.

다음은 언어와 사고와의 관계성을 더 깊이 알아보기 위해 실제 다양한 문화권에서 언어가 어떤 차이를 지니는지 알아보도록 하겠다.

3-1. 언어와 문화의 차이 실례

문화마다 다른 언어의 차이에 대해 알아보도록 하겠다.

에스키모인들에게는 '눈'에 해당되는 다양한 말을 사용한다. 에스키모는 'quana(내리는 눈)', 'aput(땅 위의 눈)', quiumqsuq(바람에 날려 쌓이는 눈)'. 'piqsirpoq(바람에 날리는 눈)' 등 20여 종의 서로 다른 이름을 사용한다. 하지만 미국에서는 'snow', 즉, '눈'이라는 하나의 어휘만 존재한다. '눈'이라는 단어는 하나만 존재하고 단지 형용사형을 붙여 땅 위에 쌓여 있는 눈, 내리는 눈, 흩날리는 눈이라고 표현할 뿐이다.

다른 예로, 영어의 'rice'에 해당하는 개념에 대해 우리말에서는 '모', '벼', '밥', '쌀' 등 다양한 단어가 존재한다.

또한 호주의 쿠크 쎄이요르 부족은 왼쪽, 오른쪽이라는 단어를 사용하지 않고, 동서남북과 같은 방향지시어를 사용한다. 이들 부족을 실험한 보고서에서는 이들이 실제로 방향 감각이 뛰어나다고 보고 하고 있다. 언어가 사람들의 사고에 미치는 영향을 보여주는 한 예이다.

이번에는 문화마다 하나의 언어에 대해 다르게 표현하는 경우를 살펴보겠다. 문법적 성별이 존재하는 언어인 독일어와 스페인에서 '다리'를 어떻게 표현하는지 보도록 하겠다.

다리가 여성명사인 독일어에서는 다리를 표현할 때 '아름답다'든지 '우아하다'는 등의 여성적 수식어를 사용하고, 남성 명사로 사용하는 스페인어에서는 '강하다', '길다'라는 남성적인 단어를 사용한다는 것을 알 수 있다.

영어에서 파란색을 'blue'라고 한 단어로 표현하지만 러시아에서는 밝은 파란색을 'goluboy', 어두운 파란색을 'siniy'로 표현한다. 이처럼 파란색을 다르게 표현하는 나라는 하나의 파란색의 단어만 가진 나라와 어떤 차이가 있을까?

실제 실험에서는 파란색을 여러 개 보여주었을 때 영어권 사람들은 별 반응이 없었지만, 러시아 사람들은 다른 종류의 파란색이 나왔을 때 인지적인 반응을 했다고 한다.

다음은 문화마다 같은 상황을 바라보는 다른 관점의 예시를 알아보도록 하겠다.

한국어는 상황중심의 언어이고, 영어는 인간중심의 언어라고 말한다. 이러한 것은 언어에서 나타나는데 예는 다음과 같다.

한국어 : 무엇인가 타는 냄새가 난다.

영어 : I smell something burning.

한국어 : 문제가 생겼어.

영어 : I've got a problem.

즉, 한국어는 무엇인가 타는 상황에 더 초점이 맞춰져 있고, 영어에서는 내가 뭔가 타는 냄새를 맡고 있다는 것에 초점을 맞추고 있다. 문제가 생겼다는 말을 표현할 때도 한국어에서는 문제라는 상황에 초점을 맞추고 있지만, 영어에서는 내가 문제가 있다는 것에 초점을 맞춰 'I'를 문장 맨 앞에 사용하고 있다. 이러한 실험과 조사들은 모두 언어가 문화 안에서 가지는 특성과 그 문화권 내의 사람들의 인식과 사고의 차이에 대해 잘 설명해 주고 있다.

III. 결론

언어에 따라 사고를 묘사하는 방식도 다르다는 것을 위의 여러 조사들을 통해 알아볼 수 있었다. 언어마다 주목하는 대상이 다르기 때문에 그 언어의 사용자들이 주의를 기울이는 대상이 달라진다. 한국어는 상황을, 영어는 주체에 초점을 맞추는 것을 알 수 있었다. 같은 사건을 바라봐도 개인이 부여하는 가중치에 영향을 미치게 되고 따라서 다른 관점에서 현상을 바라볼 수 있다. 이러한 차이를 언어 상대주의 학자들은 언어우위론에서 찾아보고자 하였다. 언어가 사고에 영향을 미친다는 관점이다. 눈을 표현하는 단어가 하나인 문화권의 사람들과 표현할 수 있는 단어가 여러개인 문화권의 사람들의 인식은 다를 것이라는 것이다. 숫자의 개념이 적은 문화권은 절대 대수학의 발전을 가져올 수 없다는 주장과 일치한다.

하지만 언어가 사고에 영향을 미치든 사고가 언어에 영향을 주든 무엇이 먼저인지 명백히 밝히기는 어렵지만 사고와 언어가 서로 영향을 미친다는 것은 분명한 사실이다. 따라서 언어의 특성을 이해하고 언어와 사고의 관계를 파악하여 앞으로 언어학의 연구에 있어 이러한 관계를 간과하지 말아야 할 것이다. 실제로 언어적 상대성이 주는 영향력을 이용해 정치적으로 악용하여 차별적이거나 부정적인 단어를 쓰려는 의도가 있었으며 이것을 막으려는 운동도 있었다. 단어를 사용하는 사람에게 무의식적으로 그 집단의 사고방식이나 시대상을 녹아들게 하는 경우도 있다. 언어와 사고와의 관계는 눈에 보이지 않는 의식적인 영역이기 때문에 더욱 주의를 기울여야 한다고 본다. 훗날 미래의 언어심리학자로서 기계 번역, 음성 정보처리, 한글 인식 등에 대한 언어학적인 연구들에 있어 언어와 사고의 관계에 대해 끊임없는 질문과 고찰의 시간을 가져야겠다는 생각이 든다. 인간은 언어라는 안경을 끼고 세상을 보기 때문에 언어의 특성에 대해 연구하는 것은 앞으로 중요한 과제라고 생각한다.

IV. 제언 및 성찰

본 탐구는 자료조사 범위가 제한적이었다. 따라서 언어와 사고에 대한 더 심도 있는 조사와 탐구가 필요할 것이다. 그리고 이 탐구보고서를 작성하면서 실제 파파고나 구글 번역기 등을 통해 번역 결과들의 자료를 분석해 보고 싶다는 향후 목표가 생겼다. 또한 현재 인공 신경망 기반으로 번역한 사례들이 얼마나 문화적 배경에 맞게 번역되고 있는지도 조사, 탐구해 보고 싶다는 생각을 하게 되었다.

마지막으로, 언어와 사고와의 관계를 파악하는 것은 언어학에만 국한된 것은 아니라고 생각한다. 따라서 언어 관련 연구뿐만 아니라 다양한 분야의 연구를 진행하는 연구자들에게도 언어와 사고의 관계로 인해 나타날 수 있는 변수들에 대해서도 고민해 보는 시간이 되기를 바란다.

〈참고문헌〉

권연진(2019). 언어상대성 가설에 대한 재조명. 인문과학연구, 60, 223-242.

Richard E. Nisbett(2004). The Geography of Thought. 최인철(역)(2004). 생각의
지도. 김영사

양세욱(2018). 만국공용어 혹은 시지포스의 바위. 인간·환경·미래, 21, 3-39.

하치근(2010). 언어 능력과 인지 능력의 상관관계. 한글, 287, 5-43.

[스페셜 리포트] 'IT시대 만국 공용어', 코드(code)에 주목하라! Samsung
Newsroom.(2015년 8월 5일). https://url.kr/l8r1o7

인공지능 번역, 언어통일 시대가 오고 있다. 한겨레.(2017년 2월 13일).
https://www.hani.co.kr/arti/science/science_general/782345.html

TED강연 How language shapes the way we think. Lera Boroditsky [비디오 파일]
https//www.youtube.com/watch\?v=RKK7wGAYP6k

전공학과를 통한 주제

탐구 계획서

학번 : _____

이름 : _____

1. 탐구 형식

■ 질적연구 □ 양적연구 □ 혼합연구(질적연구 + 양적연구)

2. 주제선정

현대 의학으로 바라본 시대별 치매 치료법

3. 교과목 연계(사진 삽입 가능)

		교과명	단원명
교과목 및 단원명	1	생명과학1	3단원. 항상성과 몸의 조절 3) 신경계
	2		

4. 동기 및 호기심(질문하기, 문제 제기 등)

대구한의대 홈페이지에 접속해서 학과 전공과목을 살펴보던 중 동의보감이라는 책에 흥미를 느끼게 되었고 디비피아(DBpia) 등에 기재된 논문의 과거 의서 분석 및 문헌자료 분석과 한국민족문화대백과사전의 의서 관련 자료들을 사용해 당시의 신경계 질환 치료법에 대해 조사해 봐야겠다는 호기심이 생김. 조사한 치료법 및 약에 대해 근현대에 사용되어 그것들의 과학적 타당성이 입증된 바가 있는지 알아본다. 없다면 성분 및 구성들을 고려하여 그것이 실제로 효능을 지니는지 과학적으로 탐구한다.

이 과정에서는 관련 성분에 대한 논문이나 실험결과 등을 활용한다. 동의보감에 씌어져 있는 황련해독탕(黃連解毒湯)과 보중익기탕(補中益氣湯)이 현대에 와서 치매에 대한 효과가 입증된 것처럼 과거에 활용된 치료법 및 약재에 대한 과학적 타당성을 탐구할 것이다.

5. 키워드

치매	동의보감	과거와 현재의 치료법	중추신경계	황련해독탕

6. 목적 및 필요성

> 고려시대의 향약구급방이나 조선시대의 동의보감 등의 각 시대별 대표 의서를 비롯한 여러 문헌에서 나타난 신경계 질환에 대한 사례 및 치료법을 분석하여 그 치료법과 성과에 대해 과학적으로 타당한지 평가하고, 근현대의 신경계 치료법과의 비교를 통해 우리나라 의학사의 발전에 대해 알아보고 역사상 나타난 주요한 발전 및 발견이 가지는 의의에 대해 탐구해 본다. 이를 통해 과거의 신경계 질환 치료법과 근현대의 치료법에 대해 더욱 깊이 이해할 수 있게 되고 미래의 발전 지향점에 대해서도 생각해 볼 수 있게 될 것이다.

7. 세부 연구방법(1번에서 해당하는 부분에 작성하세요.)

1) 질적연구
☐ 질문법 ■ 문헌연구 ☐ 인터뷰(면접법) ☐ 참여 관찰법

2) 양적연구
☐ 설문지법 ☐ 실험 방법

(1) 탐구설계

	내용	비고
재료(도구)		
조사 대상		
조사 기간		
자료 분석(해석)		
가설설정		

3) 혼합연구(질적연구 + 양적연구)

☐ 질문법 ☐ 문헌연구 ☐ 인터뷰(면접법) ☐ 참여 관찰법

☐ 설문지법 ☐ 실험 방법

(1) 탐구설계

	내용	비고
재료(도구)		
조사 대상		
조사 기간		
자료 분석(해석)		
가설설정		

8. 기대효과

과거 의료 분석과 현대 의료와의 비교를 통해서 치료법의 발전과정을 조사하고 이를 통해 현대 의료의 향후 개선되어야 할 점이나 발전될 방향에 대해 알게 되는 것이다.

9. 제언 및 한계점(후속 탐구)

과거와 현재의 치료법의 차이를 데이터화하여 그 원리에 대해서 자세히 살펴보고 실제 융합되어 사용되는 프로그램을 분석하여 장단점과 부족한 부분에 대해서 알고 그 해결 방안에 대해서 모색해 본다.

10. 개요(목차)구성

Ⅰ. 서론
    1) 연구 주제에 대한 정의
    2) 연구 목적 및 방법

Ⅱ. 본론
    1) 연구의 구체적 기준
    2) 고려시대의 치매 치료
    3) 조선시대의 치매 치료
    4) 근대의 치매 치료

Ⅲ. 결론

11. 참고문헌

• 김미라, 이고은, 이상언, 박인숙, 박장호, 노동지, 김지영, 박보라, 류영수, 강형원(2010). 耳鍼의 神門穴 刺戟이 痴呆患者의 腦波에 미치는 影響. 동의신경정신과 학회지, 제21권 제3호, 45-64.
• 이윤정, 김연구, 김혜융, 윤정주, 이소민, 이용표, 이건목, 강대길, 이호섭(2013). 도인승기탕에 의한 당뇨병성 혈관장애 개선효과. 대안한의학 방제학회지, 제21권 1호, 119-130.
• 네이버. 지식백과. https://terms.naver.com/
• 메디컬뉴스투데이. https://www.medicalnewstoday.com/
• 김지인(2021). 심장박동이 빠를수록 치매 걸리기 쉽다. 헬스인뉴스. 12월 14일 https://www.healthinnews.co.kr/news/articleView.html?idxno=26941

탐구 보고서

현대 의학으로 바라본 시대별 치매 치료법

교과목 연계 : 생명과학 I

2022. 00.

학교명	○○고등학교
학번	○○○○○○
이름	고○○

키워드 : 치매, 동의보감, 과거와 현재의 치료법, 중추신경계, 황련해독탕

Ⅰ. 서론

1) 연구 주제에 대한 정의

치매는 인류의 출현과 동시에 등장하였고 고대의 인류 또한 현대인과 같은 양상으로 치매를 겪었을 것이다. 치매의 주된 원인으로 여겨지는 퇴행성 질환들은 인류라면 피해 갈 수 없는 노화에 의해 발생하기 때문이다. 이와 같은 오랜 치매의 역사와는 다르게 치매가 정식 진단명으로 인정받아 질병으로 분류된 것은 멀지 않은 과거인 1797년이다. 그렇다면 그 이전의 사람들은 치매를 어떻게 치료했으며, 그 치료법은 현대 의학의 관점에서 타당한가? 이 질문에 대한 답이 본 보고서의 연구 주제에 대한 정의이다.

2) 연구 방법 및 한계점

본 보고서에서는 과거 인류의 치매 치료와 그 치료의 타당성에 대해 연구하는 것을 목표로 하며 이를 위해선 과거 저술된 의서에 대한 조사가 수반되어야 한다. 이를 위해 한국한의학협회에서 제공하는 한의학고전DB 서비스를 이용하였으며, 해당 서비스는 각 시대를 대표하는 의서들을 포함하여 총 142개의 서적 원문 및 해석을 제공한다.

연구 과정에서 두 가지의 문제점이 존재하는데 첫 번째는 앞서 설명했듯 치매가 정식 진단명으로 자리잡은 것이 1797년이기 때문에 그 이전의 서적들에서는 치매 증상을 치매라는 이름으로 칭하지 않는다는 것이다. 두 번째는 대부분의 서적이 한문으로 저술되었고 이에 따라 같은 단어임에도 한문으로 검색한 결과와 한글로 검색한 결과가 다르다는 점이다.

첫 번째 문제를 해결하기 위해 '치매'뿐만이 아닌 '건망증'으로 검색한 결과 또한 포함했다. 그러나 건망증은 단순히 기억력이 감퇴하는 현상을 모두 포함하므로 모든 건망증을 연구 대상으로 지정하는 것은 옳지 않다. 따라서 과거 서적에 언급된 건망증 중 치매라고 판단하는 것이 타당한 증상만을 분리하였고 이 과정은 서울대학교병원 의학정보를 바탕으로 진행되었다.

두 번째 문제는 또 두 가지로 나눌 수 있다. 첫 번째는 한글 해석에는 언급되었지만 한문으로는 언급되지 않은 경우이고, 두 번째는 반대로 한문으로는 언급되었지만 한글로는 언급되지 않은 경우이다. 가령 우리가 '건망(健忘)'에 대해 조사하고자 할 때, 한문인 '健忘'이 언급되지 않았지만 한글로는 '건망'으로 해석되는 경우에는 한국한의학협회가 해당 부분을 해석하는 과정에서 '健忘'이라는 직접적 언급이 없었음에도 '健忘'의 유의어로 언급되어 있거나 맥락적으로 '건망'으로 해석되는 것이 옳다고 판단하였다고 보는 것이 타당하다.

따라서 첫 번째 경우는 연구 대상으로 지정하기에 근거가 충분하다. 그러나 두 번째 경우처럼 '健忘'이라고 직접적으로 언급되었지만 한글로는 언급되지 않은 경우는 모두 한글 해석이 존재하지 않는 서적에 해당하는 경우였다. 이것이 본 보고서의 한계점이다. 공신력 있는 기관이 제공하였으나 해석이 존재하지 않는 서적에 대해서는 연구가 불가능한 것이다. 이에 따라 한글과 한문의 결과가 다른 단어에 대해서는 한글로 검색된 결과를 따르는 것으로 하였다.

과거 서적에서 언급된 치매를 조사한 후에는 각 언급에 해당하는 치료법을 조사하였고 이 과정에서 DBpia 논문 사이트에 기재된 관련 논문을 찾아 현대 의학적으로 효능이 입증된 바가 있는지를 알아보았다.

II. 본론

1) 연구의 구체적 기준

과거 서적에 언급된 '치매(癡呆)'라는 단어는 이견의 여지 없이 현대 의학이 칭하는 치매와 동일한 것으로 보는 것이 타당하기에 '치매'라고 해석된 한문 및 '癡呆'로 언급된 모든 증상은 현대 의학의 치매와 동일한 것으로 본다.

시대 \ 원인	놀람 혹은 근심 등의 정서적 스트레스	중풍(뇌졸중) 등의 풍(風)병[1]	노화	원인에 대한 언급이 없는 경우	기타
고려시대 및 그 이전	1	1	0	2	1
조선시대	25	13	9	136	3
근대	12	2	0	43	0
합계	38	16	9	181	4

〈표 1〉 해당 표는 총 142개의 과거 의서에서의 언급 여부를 바탕으로 작성되었다.

---

1) 외풍(外風)이나 내풍(內風)에 의해서 생긴 병증의 통칭으로 중풍(뇌졸중)을 포함한다.

'건망'으로 해석되는 한문 및 '健忘'으로 언급된 증상 중에서 치매의 증상을 분리하기 위해 건망의 증상을 원인에 따라 구분하여 표를 작성하였다.

서울대학교병원 의학 정보에 따르면 치매의 하위질병에는 노인성 치매, 알츠하이머병, 혈관성 치매 등이 있고 건망의 원인은 크게 심리적 어려움과 치매를 유발하는 퇴행성 질환으로 나눌 수 있다. 이에 따라 치매의 하위질병에 해당하거나 건망의 원인 중 후자에 해당한다면 그 증상을 치매의 증상으로 보는 것이 타당하고, 치매의 하위질병에 해당하지 않거나 건망의 원인 중 전자에 해당한다면 그것은 치매가 아닌 단순한 기억력 감퇴 현상으로 보는 것이 타당하다.

〈표1〉에 나타난 5개의 건망 중 첫 번째인 '놀람 혹은 근심 등의 정서적 스트레스'에 의한 건망은 치매의 하위질병 중 어떤 것에도 해당하지 않으며 현대 의학이 제공하는 건망의 원인 중 심리적 어려움에 해당하므로 치매라고 볼 수 없으며 단순한 기억력 감퇴 현상으로 보는 것이 타당하다.

두 번째인 '중풍(뇌졸중)등의 풍(風)병'에 의한 건망은 치매의 하위질병인 혈관성 치매에 해당한다. 혈관성 치매란 뇌혈관 질환으로 인해 발생하는 치매를 총칭하는 표현이며 뇌졸중 후 치매가 발생한 환자가 보고된 사건이 혈관성 치매라는 용어를 사용하게 된 계기가 되었을 만큼 중풍(뇌졸중)은 혈관성 치매의 대표적인 원인이라고 볼 수 있으며, 이에 따라 '중풍(뇌졸중) 등의 풍(風)병'에 의한 건망은 치매라고 판단하는 것이 타당하다.

세 번째인 '노화'에 의한 건망은 치매의 하위질병 중 노인성 치매와 알츠하이머병에 해당한다. 두 치매는 노화가 진행됨에 따라 발생하는 퇴행성 질환이 원인인 치매이기 때문에 '노화'에 의한 건망은 치매라고 보는 것이 타당하다.

네 번째는 원인에 대한 언급이 없는 건망이나 보편적인 수식어가 붙은 건망의 경우이다. 주로 '기운이 허한 것', '혼이 손상되거나 약해진 것', '혈이 부족한 것' 등의 보편적으로 많은 질병의 원인으로 작용할 수 있다고 판단되는 것들은 네 번째 항목에 포함하였다.

본 보고서는 과거 치매 증상을 치료한 방법이 현대 의학의 관점에서 타당한지 연구하는 것을 목표로 하며, 본 항목에서 언급된 치료법은 단순한 기억력 감퇴를 의미하는 건망과 치매 모두를 대상으로 행해진 치료법이기에 본 보고서에서 연구 대상으로 지정하기에 문제될 것은 없다. 하지만 앞서 말했듯 치매 환자만을 대상으로 행해진 치료가 아니기 때문에 치료의 효능이 다른 치료에 비해 떨어질 것이라 판단하는 것이 타당하며 이에 따라 본 항목에서 언급된 치료법에 대해서는 모두 언급하지 않고, 비교적 뚜렷하게 효능이 입증된 치료법을 중심으로 선별적으로 언급하여 작성하였음을 미리 알리는 바이다.

다섯 번째는 '기타'로 분류된 건망이다. 4회 언급되었고 각각 양명병으로 인한 건망, 저당탕의 증상으로 나타나는 건망, 담열로 인한 건망, 타고난 혼백으로 인한 건망이며 이 4개는 모두 어떠한 치매의 하위질병에도 해당하지 않고 현대 의학이 제시하는 건망의 원인에도 해당하지 않는다. 따라서 '기타'로 분류된 건망은 치매로 보지 않는 것이 타당하다.

2) 고려시대의 치매 치료

먼저 '치매'로 해석되는 한문이나 '癡呆'라는 언급이 있는 서적은 누영의 『의학강목』[2] 뿐이다. 그러나 해당 서적은 한글 해석이 제공되어 있지 않기 때문에 본 보고서에서 다루지 않도록 하겠다.

다음으로 '건망'으로 해석되는 한문이나 '健忘'이라는 단어가 언급된 서적으

---

2) 간행시기가 조선 건국 이후인 1396년으로 알려져 있지만 저자인 누영이 조선 건국 이전인 1389년에 사망한 것으로 보아 고려시대 서적으로 구분하는 것이 타당하다.

로는 왕유일의 『난경집주』[3], 손사막의 『천금요방』[4], 주굉의 『증주유증활인서』[5]가 있다.

『난경집주』에는 '건망(健忘)'이 총 1회 언급되어 있다. "창연(悵然)은 그 사람이 놀라는 것이고, 사람이 놀라면 유맥이 완만하게 되므로 사람으로 하여금 몸을 가누지 못하게 한다. 놀라면 의지를 잃고 건망증이 나타나며 정신이 멍하게 된다."라고 언급된 것으로 보아 〈표 1〉의 '놀람 혹은 근심 등의 정서적 스트레스'에 의한 건망으로 보는 것이 타당하며 치매의 증상으로 볼 수 없기에 본 보고서에서 다루지 않도록 하겠다.

다음으로 『천금요방』에는 '건망(健忘)'이 총 2회 언급되어 있다. 1회는 치매를 유발하는 음식에 관한 언급이고 나머지 1회는 심장 기능의 향상이 치매를 치료한다는 사실에 대한 언급이다. 전자는 치매의 치료라는 본 보고서의 주제에 적합하지 않고 후자의 경우 또한 명확한 치료법이라고 보긴 어렵지만, 심장의 기능을 향상시키는 것이 치매의 예방 및 치료에 도움이 된다는 관점으로 해석한다면 본 보고서의 주제에 적합하다고 볼 수 있다. 심장 건강과 뇌 건강 사이의 강한 연관성은 이미 입증된 바이다.

미국의 'MedicalNewsToday'에서 스톡홀름에 거주하는 2,147명의 노인을 12년간 표준 심전도[6]를 사용하여 RHR[7]을 측정하고 미니 정신 상태 검사로

---

3) 간행시기가 정확히 알려지지 않았지만 저자인 왕유일이 1067년에 사망한 것으로 보아 고려시대 서적으로 구분하는 것이 타당하다.

4) 간행시기가 唐代(당대)라고만 알려져 있고 저자인 손사막이 고려 건국 이전인 682년에 사망하였지만 본 보고서에서는 고려시대와 고려시대 이전을 묶어서 다루도록 하겠다.

5) 주굉에 의해 저술되어 조선 건국 이전인 1118년에 간행되었으므로 고려시대 서적으로 보는 것이 타당하다.

6) 심장이 시간의 흐름에 따라 수축하면서 심박동과 함께 발생하는 전위차를 곡선으로 기록한 것이다.

7) 안정기 심박수로서 환자가 잠에서 깬 직후 잠자리에서 일어나기 직전에 재는 것이 가장 정확하다고 알려져 있다.

전반적인 인지 기능을 평가한 결과, RHR이 80bpm 이상인 경우가 RHR이 60~69bpm인 경우보다 평균적으로 치매 발병 위험이 55% 더 높았다. 이와 같은 연구 결과는 RHR이 치매 위험과 비례한다는 것과 심장 건강을 개선하여 RHR을 낮추는 것이 치매의 예방 및 치료에 도움이 된다는 것을 의미한다. 이에 관해 샌디에고 캘리포니아대학 이안 닐(Ian Neel) 부교수는 "노년기에 적절한 심혈관 운동 및 신체 활동은 치매 예방을 위해 권장된다."라고 조언하였으며 이를 통해 심혈관 운동이 심장 건강을 개선하여 RHR을 낮추는 방법이라고 판단할 수 있다. 이와 같이 심장의 기능과 치매의 연관성 및 심장의 기능 개선을 위한 심혈관 운동의 치매 예방 가능성이 현대 의학으로부터 입증되었으므로 고려시대의 『천금요방』에 언급되어 있는 치매의 치료는 과학적으로 타당하다.

마지막으로 『증주유증활인서』에는 총 2회의 언급이 있다. 1회는 "양명병(陽明病)으로 건망증이 심하면 반드시 피가 쌓여 있다. 왜냐하면 본래 오래 묵은 어혈(瘀血)로 건망증이 생기기 때문이다." 라고 언급된 것으로 보아 양명병에 의한 건망이고 이는 〈표 1〉의 '기타'로 분류된 건망에 속한다. 따라서 치매의 증상이라고 볼 만한 뚜렷한 근거가 없기에 본 보고서에서 다루지 않겠다.

나머지 1회의 언급에는 "상한병(傷寒病)에 걸리면 땀을 내야 하는데 땀을 내지 못하면 熱이 속에 쌓이고, 熱은 血에 영향을 미쳐서 자꾸 건망증이 생기고 미친다." 라고 언급하며 상한병에 의한 건망의 사례를 보여주고 있다. 상한병은 풍한사에 감촉되어 생기는 외감병으로 중풍을 포함한다. 따라서 상한병에 의한 건망은 〈표 1〉의 '중풍(뇌졸중)등의 풍(風)병'에 의한 건망이며 치매의 증상으로 보기에 타당하다. 『증주유증활인서』는 이 증상의 치료제로 저당탕, 저당원, 도인승기탕, 서각지황탕을 제시하지만 이 중에서 저당원과 서각지황탕은 현대 의학으로부터 입증받은 바가 없으므로 과학적으로 타당하다고 할 근거가 부족하다. 이에 반해 저당탕(抵當湯)은 〈저당탕이 혈전증에 미치는 실험적 연구〉라는 논문에서 치매의 치료에 대한 효능이 입증되었다. 해당 논문에서는 저당탕이 뇌혈관 질환 중 하나인 혈전증 치료에 사용될 수 있는지 알아보기 위해 저당탕을 감압 농축하여 미정맥에 주입하고 일정 시간이 지난 후 심장채혈하여 혈소판의 수를 기록하였다. 혈소판의 수는 체내에서 혈액의 점도가 감소되었다고 인식하면 증가하는데 그 이유는 감소된 혈액의 점도를 원 상태로 돌려놓기 위해 해당 구역의 혈소판의 개수를 늘리고 혈소판의 혈액 응고 작용을 촉진시키기 때문이다.

이 실험에서는 저당탕을 주입한 이후 심장 채혈 결과에서 혈소판 수의 증가와 혈액의 점도 감소가 유의미한 수준으로 나타났다. 이는 저당탕이 혈전증을 치료할 수 있다는 것을 의미하고 나아가 혈관이 막혀 발생하는 뇌졸중 등의 풍병을 치료할 수 있음을 의미한다. 따라서 저당탕은 '중풍(뇌졸중) 등의 풍(風)병'에 의한 건망 즉, 혈관성 치매를 치료할 수 있음이 현대 의학으로부터 입증되었고 저당탕은 과학적으로 타당한 치매 치료제라고 볼 수 있겠다.

다음은 도인승기탕이다. 도인승기탕 또한 혈전 작용 치료에 효과가 있음이 논문 '도인승기탕에 의한 당뇨병성 혈관장애 개선 효과'에서 입증되었다. 해당 논문에서는 당뇨병으로 인해 발생한 혈관장애의 개선에 도인승기탕이 효과가 있는지 알아보기 위해 실험용 쥐를 정상군과 당뇨 유발군으로 나누어 각각 도인승기탕을 투여한 후 꼬리정맥으로부터 혈당량을 측정하여 기록하였다.

도인승기탕 투여 후 8주에서 16주차까지 2주에 한 번씩 혈당량을 측정한 결과, 당뇨 유발군 중 도인승기탕을 투여한 집단은 그렇지 않은 집단에 비해 혈중 중성지방[8] 농도, LDL[9]의 함량, HDL[10]의 함량에서 유의성 있는 변화를 보였으며 이에 따라 혈당 감소 및 혈관 이완 반응 개선이 유의미한 수준으로 나타났다. 이는 도인승기탕이 혈액 속의 중성지방과 LDL의 함량을 감소시키고 HDL 함량을 증가시킴으로써 혈관장애를 개선할 수 있고 더 나아가 〈표 1〉의 '중풍(뇌졸중) 등의 풍(風)병'에 의한 건망 즉, 혈관성 치매를 치료할 수 있다는 것이 현대의학으로부터 입증되었음을 의미한다. 따라서 도인승기탕은 과학적으로 타당한 치매 치료이다.

고려시대 서적에서의 치매에 관한 언급 중 본 보고서의 주제에 부합하는 치료인 『천금요방』의 심장 기능 개선과 『증주유증활인서』의 저당탕, 도인승기탕은 현대 의학의 관점에서 판단하였을 때 치매에 대한 효력이 있을 것이라고 보는 것이 타당하다고 볼 수 있겠다.

3) 조선시대의 치매 치료

조선시대의 서적 중 '치매'로 해석되는 한문 및 '치매'라는 언급이 되어 있는 서적으로는 진회의 『신응경』[11], 유효통, 노중례, 박윤덕의 『향약집성방』[12], 이시진의 『본초강목』[13]이 있다.

---

8) 혈중 중성지방은 LDL 콜레스테롤의 생성을 돕고 HDL 콜레스테롤의 분해를 촉진하기에 혈중 중성지방 수치가 높아지면 동맥경화의 위험이 높아진다.

9) 저밀도 지방단백질, 혈액 내에 증가하게 되면 관상동맥질환과 심장 발작의 위험이 높아질 수 있다.

10) 고밀도 지질단백질. 혈장 지질단백질의 하나로, 말초조직의 지질을 간으로 운반하며 좋은 콜레스테롤이라고도 불린다.

11) 명나라의 진회가 편찬한 침구서로 1425년에 중국에서 간행한 책을 저본으로 하여 1474년에 간행되었다.

12) 1433년에 간행된 향약에 관한 의약서이다.

13) 명나라의 이시진이 편찬하였으며 1596년에 간행되었다.

『신응경』에는 '神門·少商·湧泉·心兪'를 치료법으로 하여 '치매'가 총 1회 언급되어 있다. '神門·少商·湧泉·心兪'은 각각 혈자리를 의미한다. 언급된 4개의 혈자리 중 少商(소상)혈과 心兪(심수)혈은 실험이나 관찰에 따른 연구 결과가 아닌 문헌적 조사만이 존재하고 본 보고서의 주제는 현 의학의 관점에서 바라본 치매 치료의 타당성이므로 과거 문헌 조사만을 바탕으로 한 조사는 적합하지 않다. 따라서 소상혈과 심수혈은 다루지 않고 실제적으로 효능 검증이 진행된 신문혈과 용천혈에 대해서만 다루도록 하겠다.

다음 페이지의 [그림 1], [그림 2]를 참고하면 알 수 있듯 신문혈은 손바닥 뒤 척골 끝 부위의 우묵하게 들어간 곳의 가운데 혈을 의미하고 용천혈은 발바닥 부위로서, 발가락을 굽혔을 때, 발바닥의 가장 오목한 곳의 혈을 의미한다.

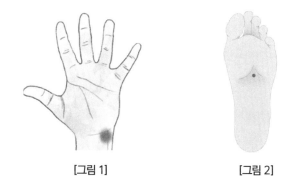

[그림 1]   [그림 2]

논문 〈이침(耳鍼)의 신문혈(神門穴) 자극이 치매환자의 뇌파에 미치는 영향〉에서 신문혈이 치매 환자의 뇌파[14]에 미치는 영향을 탐구하기 위해 일반 노인(일반군)과 치매 환자(치매군)를 대상으로 자침[15] 전, 자침 후 15분 각각의 뇌파를 측정

---

14) 대뇌 피질의 신경세포군에서 발생한 뇌 전기 활동을 체외로 도출하고, 이를 증폭해서 두피 상에 기록한 것이다.
15) 침을 놓음.

하여 기록하였다. 측정된 뇌파에는 α파[16], β파[17], δ파[18], θ파[19]가 있다. 일반 노인 및 치매 환자의 신문혈 자침 후 뇌파 변화로는 〈표 2〉와 같이 나타났다.

대상＼뇌파	α파	β파	δ파	θ파
치매군	유의미한 증가	유의미한 증가	유의미한 감소	유의미한 감소
일반군	미세한 증가	미세한 감소	미세한 감소	미세한 증가

〈표 2〉

〈표 2〉에 따르면 일반 노인(일반군)에서는 신문혈 자침 후 미세한 증가 또는 감소가 나타나지만 실험 결과에 영향을 줄 만한 유의미한 변화는 나타나지 않았다. 반면, 치매 환자(치매군)는 α파, β파에서 유의미한 증가가, δ파, θ파에서는 유의미한 감소가 나타났다.

α파는 학습 및 정신 안정과 연관이 깊으며 α파가 유의미하게 증가한 것은 신문혈 자극이 치매 환자의 심신의 안정 및 학습 능력에 도움이 된다는 것으로 해석할 수 있다. 일반군에 비해 치매군의 변화폭이 큰 것은 치매군의 학습 능력이 일반군에 비해 정상범위로부터 더 벗어나 있기 때문이다.

β파는 긴장 및 흥분 상태와 연관이 깊다. 따라서 일반군에서 β파가 미세하게나마 감소한 것은 현대인의 과도한 긴장을 낮춰준 것이고 치매군에서 β파가 증가한 것은 뇌 위축으로 감소된 속파들이 증가한 것으로 해석할 수 있다. 따라서

---

16) 가장 빈번하게 나타나며 정상 성인의 안정, 각성, 폐안(廢眼) 시에 대부분을 차지한다. 명상과 내부의 고요함 또는 평화로움과 많은 연관이 있으며, 눈을 뜨면 현저히 감소하거나 소실되고 베타파로 바뀐다.

17) 불규칙적인 뇌파로 알파파에서 감각자극이 가해지면 변하는 뇌파다. 정신활동과 관련이 있으며, 흥분하거나 특정한 과제에 집중할 때 우세하게 나타난다.

18) 수면파라고도 한다. 두뇌 기능이 완전히 이완된 깊은 수면 상태에서 우세하게 나타난다.

19) 강한 흥분 상태나 얕은 수면 중에 나타난다. 깊이 내면화되고 조용한 상태의 육체, 감정 및 사고 활동과 관련되어 있으며, 창조적이고 자발성이 있을 뿐만 아니라 혼란, 산만, 공상, 우울, 불안과도 관계가 있다.

신문혈 자극은 치매 환자의 위축된 뇌를 활성화하여 치매의 치료에 기여하는 것으로 보는 것이 타당하다.

δ파와 θ파는 주로 수면 중에 나타나는 뇌파로 뇌의 기질적 기능 저하와 연관이 깊기 때문에 치매 환자의 뇌에서 주로 높게 측정된다. 따라서 δ파와 θ파의 감소는 뇌의 기질적 기능 저하를 개선하고 이를 통해 치매 치료에 기여한다고 보는 것이 타당하다.

신문혈 자극의 효능은 뇌파의 변화로만 입증된 것이 아니다. 논문 〈신문혈 침 자극이 심전도 변화에 미치는 영향〉에서 신문혈 자극이 심전도에 미치는 영향에 대해 탐구하기 위해 실험 대상을 신문혈 자극 집단과 대조군(아무런 자극을 주지 않은 집단)으로 나누어 심전도를 측정하여 기록한 결과, 신문혈 자극 집단에서 심전도의 변화와 동시에 심장에 대한 전기신호가 변화하는 것을 발견하였다. 앞서 고려시대의 치매 치료에서 설명했듯, 심장 건강은 치매 위험 정도와 연관성이 존재하고 심전도는 심박수와 함께 심장 건강 및 기능을 나타내는 지표에 해당한다. 따라서 신문혈 자극이 심전도 변화에 영향을 줄 수 있다는 사실이 입증됨에 따라 신문혈 자극이 심장 건강 및 기능을 개선할 수 있고 이를 통해 치매의 예방 및 치료에 기여한다고 보는 것이 타당하다.

두 논문을 통해 신문혈의 자극이 뇌파의 변화와 심전도의 변화를 유의미한 수준으로 이끌어낼 수 있다는 것이 현대 의학으로부터 입증되었으므로 『신응경』에서 치매의 치료법으로 제시된 4개의 혈자리 중 신문혈은 과학적으로 타당한 치매 치료이다.

용천(湧泉)혈은 신문혈과 마찬가지로 EEG 즉, 뇌파에 미치는 영향이 타당성의 판단 기준이 되었다. 논문 〈용천혈에서 펄스자기장 자극의 영향에 대한 EEG 분석〉에서 용천혈 자극이 중추신경계에 미치는 영향을 탐구하기 위해 용천혈 자극 전후의 뇌파를 비교하는 실험을 진행하였다. 그 결과, θ파에서 유의미한 감소가 나타났다. 해당 논문에서는 "세타파는 정서적 안정 상태 또는 수면으로 이어지는 과정의 졸린 상태에서 주로 나타나는 주파수이므로 상대 세타파 비율이 증가했다는 것을 통해 펄스 자기장 자극 전보다 자극 후에 피실험자가 정서적으로 더 안정된 상태라고 해석할 수 있다."라고 하였지만 이 결론은 위의 신문혈의 과학적 타당성 입증 과정과 모순된다. 신문혈의 과학적 타당성 입증 과정에서는 θ파를 뇌의 기질적 기능 저하와 관련한 뇌파로 보고 θ파의 감소를 통해 뇌의 기질적 기능 저하를 개선할 수 있다고 하였다.

이 모순점은 신문혈의 과학적 타당성 입증 과정에서 사용한 논문 〈이침의 신문혈 자극이 치매환자의 뇌파에 미치는 영향〉으로 해결할 수 있다. 해당 논문에서 〈표 2〉에서처럼 θ파가 일반군에서는 증가하고 치매군에서는 감소한 것을 신문혈이 일반군(일반 노인)을 대상으로는 긴장을 완화시켜주는 역할을 하여 뇌를 안정시켜주고 치매군을 대상으로는 기질적 기능저하를 개선한 것으로 해석했다.

또한 논문 〈용천혈에서 펄스자기장 자극의 영향에 대한 EEG분석〉의 실험 대상은 치매 환자로 정해지지 않았다. 두 논문 모두 틀리지 않았다는 전제하에 모순을 해결하기 위해선 논문 〈용천혈에서 펄스자기장 자극의 영향에 대한 EEG분석〉의 실험 대상을 논문 〈이침의 신문혈 자극이 치매환자의 뇌파에 미치는 영향〉의 일반군과 동일한 것으로 보는 것이 타당하다. 따라서 논문 〈용천혈에서 펄스자기장 자극의 영향에 대한 EEG분석〉은 치매 치료에 관한 내용을 다루는 논문이 아니므로 본 보고서에서 다루지 않을 것이며 용천혈에 관한 추가 논문이 존재하지 않음에 따라 용천혈은 현대의학으로부터 입증된 바가 없음을 알리는 바다.

결론적으로 『신응경』이 제시하는 4가지의 혈자리 중 실질적으로 치매에 효력을 가지는 것으로 입증된 것은 신문혈뿐이다.

『향약집성방』에는 '치매'가 총 1회 언급되어 있고 치료법을 "부인의 내의를 태워 곱게 갈아 매 2돈씩을 따뜻한 술에 타 복용한다."라고 제시한다. 옷을 태워서 갈아 마신다는 것은 논문을 통해 과학적 타당성을 검증할 필요도 없이 타당하지 않은 치료법이다. 따라서 『향약집성방』에서 제시한 치매 치료는 과학적으로 타당하지 않다.

마지막으로 『본초강목』에는 '치매'가 총 3회 언급되어 있지만 모두 같은 치료법을 제시한다. 해당 치료법은 "결수(決水)에 인어(人魚)가 많다. 모양은 제어(鯑魚)와 같고 4개의 다리가 있으며, 울음소리는 어린아이와 같다. 이것을 먹으면 치병(치매)에 걸리지 않는다."라고 제시되어 있고 인어는 전설 속 동물로 현대 생물학은 존재하지 않는다고 보기에 『본초강목』의 치료법 또한 과학적으로 타당하지 않은 치료법이다.

III. 결론

심장의 기능을 향상시키는 것이 치매의 예방 및 치료에 도움이 된다는 관점으로 해석한다면 RHR이 치매 위험과 비례하고, 심장 건강을 개선하여 RHR을 낮추는 것이 치매의 예방 및 치료에 도움이 된다는 것을 의미한다. 심장의 기능 개선을 위한 심혈관 운동이 치매의 예방과 연관이 있고 고려시대의 『천금요방』에 언급되어 있는 치매의 치료는 과학적으로 증명된다.

혈소판의 수는 체내에서 혈액의 점도가 감소되었다고 인식하면 증가하는데 그 이유는 감소된 혈액의 점도를 원 상태로 돌려놓기 위해 해당 구역의 혈소판의 개수를 늘리고 혈소판의 혈액 응고 작용을 촉진시키기 때문이다. 이는 저당탕이 혈전증을 치료할 수 있다는 것을 의미하고 나아가 혈관이 막혀 발생하는 뇌졸중 등의 치료법을 논할 수 있다.

    δ파와 θ파는 주로 수면 중에 나타나는 뇌파로 뇌의 기질적 기능 저하와 연관이 깊기 때문에 치매 환자의 뇌에서 주로 높게 측정된다. 따라서 δ파와 θ파의 감소는 뇌의 기질적 기능 저하를 개선하고 이를 통해 치매 치료에 기여한다고 보는 것이 타당하다. 고려시대의 치매 치료에서 설명했듯이 심장 건강은 치매 위험 정도와 연관이 있고 심전도는 심박수와 함께 심장 건강 및 기능을 나타내는 지표에 해당한다. 따라서 신문혈 자극이 심전도 변화에 영향을 줄 수 있다는 것이 입증됨에 따라 신문혈 자극이 심장 건강 및 기능을 개선할 수 있고 이를 통해 치매의 예방 및 치료에 기여한다고 보는 것이 타당하다.

    결론적으로 고전에서 찾을 수 있는 『천금요방』,『저당탕』,『도인승기탕』 신문혈, 용천혈 등은 치매치료제로써 효과가 있으며 현대 의학에서는 최근 미국 바이오젠과 일본 에자이가 공동 개발한 알츠하이머 치료제 '아두카누맙(상품명 에드유헬름)'이 미국 식품의약국(FDA)의 승인을 받았다. 하지만 아두카누맙은 약효 논란에 휩싸인 치료제다. 임상 3상 당시 인지 개선 능력을 높이는 데 실패했고, FDA 자문위원의 절반 이상이 유효성이 없다고 판단했다. 그런데도 FDA는 시판한 뒤 임상 4상을 통해 효능을 입증하는 조건으로 아두카누맙을 승인했다. 이 약품은 3주 만에 200만 달러(약 23억 원) 이상의 매출을 기록했다. 완벽한 치료제가 없는 '공포의 대상' 치매 극복을 향한 인류의 간절함을 보여주는 장면이다.

    이와 같이 치료제가 없는 현실에서 인류와 함께해 온 치매라는 병을 과거의 기록 속에서 근거를 찾는다면 보다 나은 치료법 개선에 도움이 될 수 있을 것이라고 생각된다.

〈참고문헌〉

김미라, 이고은, 이상언, 박인숙, 박장호, 노동지, 김지영, 박보라, 류영수, 강형
    원(2010). 耳鍼의 神門穴 刺戟이 痴呆患者의 腦波에 미치는 影響. 동의신경
    정신과 학회지, 제21권 제3호, 45-64.

이윤정, 김연구, 김혜윰, 윤정주, 이소민, 이용표, 이건목, 강대길, 이호섭(2013).
    도인승기탕에 의한 당뇨병성 혈관장애 개선 효과. 대안한의학 방제학회시,
    제21권 1호, 119-130.

네이버. 지식백과. https://terms.naver.com

메디컬뉴스투데이. https://www.medicalnewstoday.com

김지인(2021). 심장박동이 빠를수록 치매 걸리기 쉽다. 헬스인뉴스. 12월14일
    https://www.healthinnews.co.kr/news/articleView.html?idxno=26941

[사례1]

분리수거를 위한 페트병 분리시스템의 구현

박○○¹·박○○²·이○○³·정○○³·이○○*³

¹대전○○고등학교·²○○중학교·³대전○○중학교

Implementation of Plastic Bottle Classification System for Recycling

Yongha Park[1]·Jihoon Park[2]·Joosang Lee[3]·Hoyeong Chung[3]·Jungyeop Lee[*3]

[1]Daejeon Jeonmin High Schools·[2]Daedeok Middle School·[3]Daejeon Jeonmin Middle School

E-mail : yonghapark12@gmail.com/ ljy070801@gmail.com / joejoosanglee@gmail.com /

mafia1101@naver.com / chunghoyeong09@gmail.com

요약

본 연구에서는 적외선 센서를 이용한 페트병 분리수거 시스템을 구현하였다. 제안된 시스템은 인식부, 제어부, 알람부 및 구동부로 구성된다. 인식부는 페트병을 감지해 페트병과 센서와의 거리를 측정하고 추출된 값을 표준 범위와 비교하여 값이 표준 범위를 벗어날 경우에는 제어값을 제어부에 전송하고, 특정범위를 넘어간 경우 라벨 혹은 뚜껑의 유무 결과를 제어부에 전송한다. 제어부에서는 센서부로부터 전송받은 결과값에 따라서 수거함의 입구를 개방하거나 알람부를 제어하는 기능을 수행한다. 제안된 시스템 구현을 위하여 인식부는 적외선 센서로 구현하였고, 제어부는 C언어 기반의 아두이노 스케치 프로그램으로 제작하였다. 또한 인식부와 제어부는 아날로그 신호를 이용하여 통신할 수 있게 하였다. 제안된 시스템은 정해진 알고리즘에 따라 페트병의 라벨과 뚜껑의 유무를 정확히 판단한 후 라벨 혹은 뚜껑이 부착되었을 때 수거함의 입구를 막는다. 국민 1인당 배출되는 폐기물의 양이 높고 재활용이 되지 않아 쓰레기의 대다수를 소각시키고 있는 상황에서 본 연구에서 제안한 시스템을 통하여 페트병의 재활용률을 높이기를 기대한다.

ABSTRACT

In this study, a plastic bottle recycling bin system that utilizes an infrared sensor was implemented. The proposed system consists of a recognition unit, a control unit, an alarm unit, and a driving unit. The recognition unit detects the plastic bottle, measures the distance between the plastic bottle and the infrared sensor, extracts the value of the bottle, compares the extracted value with a standard range, and then transmits the control value to the control unit if the extracted value of the bottle is outside the standard range. In this case, the result of the presence or absence of a brand label or bottle cap is transmitted to the controller. The control unit opens the entrance of the recycling bin or alerts the alarm unit according to the result value transmitted from the sensor unit. In order to implement the proposed system, the recognition unit was implemented with an infrared sensor, and the control unit was made with an Arduino IDE controller, based on the C programming language. Additionally, the recognition unit and the control unit are able to communicate using analog signals. The proposed system accurately judges the presence or absence of a brand label and bottle cap of plastic bottles according to a predetermined algorithm. It then blocks the entrance of the recycling bin when a brand label or bottle cap is still attached. As the amount of waste discharged per person is relatively high and the majority of such waste is incinerated rather than recycled, the system proposed in this study is expected to increase the recycling rate of plastic bottles.

키워드

Software Eduction, Recycling, Arduino, Plastic Bottle Classification

I. 서 론

미래 환경 개선의 핵심인 분리수거는 제대로 지켜지지 않은 채 방치되고 있다. 지금까지 원활한 분리수거를 위한 많은 시스템과 하드웨어 플랫폼들이 개발되어 사용되었고 지금도 많은 기술이 개발되고 있다. 그러나 이런 기술들을 개발하여 여러 기관에서 교육을 실시하여도 일상생활에서는 잘 지켜지지 않는 것이 대부분이다. 따라서 사람들이 편리하게 사용할 수 있는 시스템이 필요하다. 그러므로 우리는 일상생활에서 환경오염의 원인으로 꼽히는 플라스틱 병의 분리수거를 잘 이루어지게 하기 위하여 페트병 분리수거 장치를 개발하였다.

친환경이라는 분야에 대한 관심이 증가함에 따라 분리수거는 다양한 장소에서 교육되어 실천되고 있다. 분리수거를 실천하는 대부분의 시설들은 종이, 비닐, 플라스틱 등으로 쓰레기를 구분하여 재활용에 큰 도움이 되고 있다. 그러나 전보다 분리수거 가능한 쓰레기의 종류가 다양해지고 그에 따른 대체할 수 있는 시스템을 필요로 하고 있다.

본 논문에서는 아두이노를 활용하여 분리배출 미흡을 사전에 방지하기 위한 방안을 마련하고자 한다. 특히 페트병과 라벨 분리배출에 대한 사람들의 인식 미비로 페트병과 라벨, 뚜껑의 분리배출 미흡이 계속되는 상황에 착안하여, 페트병에서 분리배출 미흡을 줄이기 위해 아두이노로 분리수거를 위한 페트병 분리 시스템을 구현한다. 제안된 장치의 핵심 기능은 페트병에 라벨 또는 뚜껑의 유무를 확인하고 경고하는 것이다. 이를 위해 장치의 안쪽 천장과 벽면에 적외선 센서를 부착하고, 적외선 센서가 인식하는 거리를 비교하여 라벨과 뚜껑을 확인하도록 Arduino Uno 보드로 통제를 한다. 또한 라벨과 뚜껑이 모두 없을 때, 서보모터를 제어하여 닫혀 있는 쓰레기통의 입구를 연다. 라벨 또는 뚜껑이 있을 때 경고하는 것은 MP3 플레이어를 통해 작동되며, 입력센서를 활용하여 페트병의 유무를 판단한다.

본 논문의 구성은 다음과 같다. 2장에서는 친환경 관련 연구와 아두이노의 활용에 대해 기술하고 3장에서는 시스템 구조, 내관 설계에 대해서 기술한다. 4장에서는 구현된 페트병 분리수거 장치의 회로와 시스템 프로그램을 구현하고 5장에서 결론 및 향후 연구계획을 기술한다.

II. 관련 연구

2.1 친환경 관련

2016년 기준 국민 1인당 배출되는 폐기물의 양은 1.01kg으로 OECD 회원국의 1.41kg에 비하면 적은 양이지만, 단위면적당 폐기물 발생량은 미국의 7배, 독일의 1.4배에 달한다. 늘어나는 폐기물을 처리하기 위한 매립과 소각방법이 등장하면서 1990년대부터는 본격적으로 생활폐기물 소각시설을 마련해 운영하기 시작했다.

2.2 아두이노 활용

아두이노는 오픈 소스를 기반으로 한 마이크로 컨트롤러로 AVR기반의 보드와 이와 관련된 개발 도구 및 환경을 말한다. 스위치, 버튼, 여러 가지 센서 등을 통해 입력신호를 받으면 이를 사용자가 원하는 방식으로 프로그래밍하여 LED, 모터 등을 제어함으로써 주변 환경과 상호작용이 가능한 제품을 만들어낼 수 있다.

또한 아두이노는 구성과 설치비에 대한 가성비가 뛰어나다. 이러한 장점으로 인해 아두이노는 기존의 교육 현장에서 사용되던 고가의 실험 장비를 대체하는 데 활용되었다. 이는 아두이노 보드가 기존의 각종 전자 장치나 센서 등과 호환이 가능하였고, 아두이노 보드 자체의 가격이 저렴하였기 때문이다. 아울러, 아두이노는 기존 학생들이 직접 측정하거나 제어했던 활동을 대체하는 데 활용되었다.

III. 시스템 설계

3.1 시스템 구조 설계

시스템이 시작되면 입출력을 먼저 설정하고 PIR 센서를 통해 사람이 접근하였는지 감지한다. 감지되지 않았다면 이 동작을 반복하고 감지되었다면 적외선 센서 조도 센서의 작동을 시작하고 라벨 분리 여부를 감지한다. 라벨이 감지되었다면 투입구를 열지 않고 라벨이 감지되지 않았다면 곧바로 뚜껑의 유무를 감지한다. 라벨과 뚜껑이 둘 다 감지되지 않았다면 투입구를 열어 페트병을 수거하고, 둘 중에 하나라도 감지되면 투입구를 열지 않기로 한다.

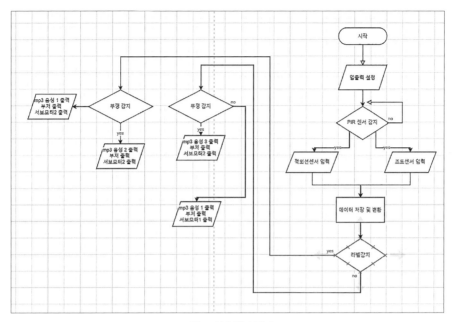

그림 1. 시스템 흐름도

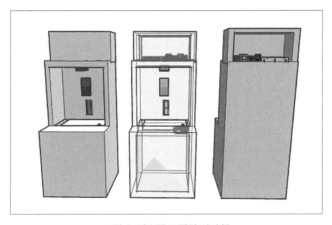

그림 2. 시스템 모델링 디자인

3.2 시스템 외관 설계

본 연구에서 개발한 시스템의 내관 설계는 재활용품 박스가 이용되었으며 페트병을 효율적으로 분리할 수 있도록 설계하였다. 사용자가 페트병을 버리면 센서가 라벨과 뚜껑의 유무를 인식하여 사용자에게 음성으로 안내한다.

Ⅳ. 시스템 구현

4.1 시스템 회로 구현

제안된 시스템은 센서부, 제어부, 알람부 및 구동부로 구성된다. 센서부의 경우 적외선 센서, 조도 센서, PIR 센서를 사용하였다.

라벨의 경우 뚜껑이 있는 부분보다 두께가 두껍기 때문에 조도 센서가 비스듬히 쏜 레이저를 감지하여 디지털 통신으로 제어부에 추출한다. 적외선 센서는 적외선이 라벨에 반사되어 돌아오는 광량을 측정하여 라벨과 뚜껑의 제거 여부를 확인할 수 있었다. 측정한 결과, 라벨이 감지되었을 때 350 이하의 값이 출력되었고 뚜껑이 감지되었을 경우 360 이하의 값이 출력된 것을 확인하였다.

또한 본 시스템은 무단투기를 방지하기 위해 카메라를 설치하여 무단투기의 여부를 판단한다. 라벨 혹은 뚜껑이 감지되었을 때는 알람부를 UART와 디지털 신호로 MP3와 버저를 작동시키고 구동부에서는 서보모터로 수거함의 입구를 닫는다. 제안된 시스템은 24시간 작동으로 전력 소모가 클 것으로 예상되어 전력 소모가 적은 PIR 센서로 움직임이 감지가 될 경우에만 기기를 작동하도록 하였다. 무단투기하는 것이 감지되었을 때는 카메라에 촬영된 모습을 SPI 통신으로 SD 메모리 카드에 저장하고 알람부를 UART와 디지털 신호로 MP3와 버저를 작동시킨다.

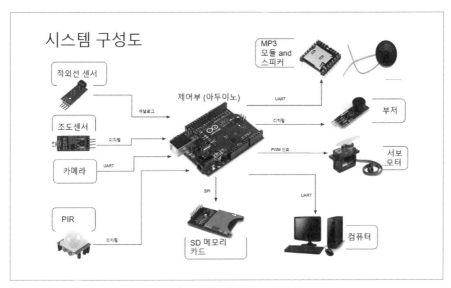

그림 3. 시스템 구성도

4.2 시스템 프로그램 구현

아래는 페트병 분리수거 시스템의 소스코드이다. 기존에 있는 라이브러리들을 추가하여 서보모터와 MP3 모듈의 기능을 사용할 수 있게 하였고, 뚜껑과 라벨이 둘 다 감지되지 않았을 때만 서보모터가 작동하도록 코드를 작성했다. 그림 4의 Limit은 우리가 정한 임의의 변수로, 터치 센서(압력 센서)에서 받은 디지털 값을 담고 있다. 이 기능은 페트병이 센서를 거치지 않고 수거되는 오류를 막기 위함이다.

특정 사용자들이 페트병을 센서부에 넣었다가 다시 빼는 경우 센서는 페트병 자체가 없는 상태인데도 라벨과 뚜껑이 없다고 판단해 배출구를 연다. 그 틈을 타 특정 사용자들은 라벨과 뚜껑이 분리되지 않은 페트병을 넣을 수 있다. 이러한 상황을 사전에 방지하기 위해, 페트병을 안쪽에 있는 터치 센서에 부착된 상태로 있어야 센서들과 서보모터가 작동하게 하였다.

```
#include <SoftwareSerial.h>
#include <DFPlayer_Mini_Mp3.h>
#include <Servo.h>
Servo svmwe1;
SoftwareSerial mp3_serial(2,3);

int servoPin = 7;
int dd=0, lb=0 ;
#define IR1 A0
#define IR2 A1
#define Limit 6
#define SVM 7
#define DD 360
#define LB 350
void setup() {
// put your setup code here, to run once:
pinMode(Limit, INPUT);
pinMode(SVM, OUTPUT);
Serial.begin(9600);
mp3_serial.begin(9600);
svm1.attach(7);
svm1.write(0);//닫힘
}

void loop() {
while(digitalRead(Limit)==LOW){
dd=analogRead(IR1);
lb=analogRead(IR2);
 if(dd>DD && lb>LB){//둘다 없
mp3.play(1);
svm1.write(90);
delay(2000);
svm1.write(90);
}
else if(dd>DD && lb<LB){// 뚜껑없,라벨 감지
mp3.play(2);
}
else if(dd<DD && lb>LB){// 뚜껑 감지,라벨없
mp3.play(3);
}
```

```
if(dd<DD && lb<LB){// 뚜껑감,라벨 감지
mp3.play(4);
}
} }
```

그림 4. 페트병 분리수거 시스템의 소스코드

V. 결론 및 제언

라벨이 감지되었다면 투입구를 열지 않고 라벨이 감지되지 않았다면 뚜껑의 유무를 감지한다. 라벨과 뚜껑이 둘 다 감지되지 않았다면 투입구를 열어 페트병을 수거하고, 둘 중에 하나라도 감지되면 투입구를 열지 않기로 한다. 이 시스템의 내관 설계는 재활용품 상자가 이용되었으며 페트병을 효율적으로 분리할 수 있도록 설계하였다.

또한 제안된 시스템은 센서부, 제어부, 알람부 및 구동부로 구성되었는데, 센서부의 경우 적외선 센서, 조도 센서, PIR 센서를 사용하였다. 페트병 분리수거 장치는 PIR 센서를 이용하여 구동에 사용되는 전력을 절약할 수 있다.

아울러, 사용이 간편하고 사용자가 직접 라벨을 분리하는 간단한 구조이므로 고장의 위험도 적으며, 아두이노를 MCU로 사용하여 초기 개발 비용도 최소화 할 수 있다.

그러나 페트병을 하나가 아닌 대량으로 분리수거 할 경우, 일일이 넣어야 하는 번거로움이 있다. 또한 서보모터가 하나로 이루어져 있기 때문에 큰 힘을 가하면 쉽게 파손될 가능성이 있으며, 외부 또는 물과 접촉하면 쉽게 망가질 우려가 있다. 이러한 특성 때문에 시스템 내구성 개선과 방수시스템 구현을 할 필요가 있으며, 더욱 효율적인 분리수거를 위한 개선도 필요하다.

References

[1] Seok-Yeol Heo, Seungyeol Lee, Wan-Jik Lee , "Design and Implementation of Multi-Access BLE/Wi-Fi Gateway using Arduino", Department of IT Engineering & Application, Pusan National University, 2016

[2] S. J. Park. (2019). A Study on Improvement of Facility through the Analysis of Operation Status of Municipal Solid Waste Incinerator Facility. Seoul National University of Science and Technology, Seoul.

[3] Jee Young Lee, An Exploration of Factors Influencing College Students' Academic and Social Adjustment, International Journal of Advanced Culture Technology (IJACT), Vol. 4, No. 4, pp. 13-22, 2016.

[4] M. D. Hahn, F. A. D. Cruz, P. S. Carvalho. "Determining the speed of sound as a function of temperature using Arduino." Physics Teacher, Vol. 57, No. 2, pp.114-115. Jan 2019. DOI:10.11 19/1.5088475

[6] G. Ragazzini, A. Mescola, L. Corsi, A. Alessandrini. "Fabrication of a low-cost on-stage cell incubator with full automation." Journal of Biological Education, Vol. 53, No. 2, pp.165-173. Mar 2019.

[사례2]

자율탐구보고서

주제: 포스트 코로나 시대의 교육 변화의 필요성

2020. 01. 20.

학교명	○○고등학교
학번	○○○○○○
이름	○○○

키워드 : 교육, 온라인 수업, 오프라인 수업, 공교육, 미래 인재, 코로나19

목차

I. 서론

1. 탐구동기 및 필요성

코로나19가 가져온 한국 교육의 변화는 코로나19라는 불가피한 상황 속에서 공교육의 온라인 개학과 함께 시작되었다. 초반에 불거진 문제는 학생들이 온라인 수업을 들을 수 있는 물리적인 부분에 있었다. 하지만 걱정과는 달리 컴퓨터 보급이나 인터넷 제공과 관련된 문제는 크지 않았다. 그보다 우리가 직면한 더 중요한 문제는 온라인 수업을 경험하고 바라보는 시선에 있었다. 온라인 수업을 단순히 기존 수업의 대체 수단으로 생각하는 것이 아니라 차이점을 인정하고 이에 적응해 나가는 것이 이후의 스마트 교육이 자리를 잡을 수 있는 길이라는 것을 인지해야 한다. 이는 학생뿐만 아니라 교사들 역시 온라인의 여러 도구를 활용할 수 있는 능력의 필요성을 느끼고 노력해야 한다.

최근 교육의 흐름이 문제 풀이보다는 과제를 통한 토론과 협업을 중요시한다는 점에서 온라인 플랫폼을 어떻게 활용해야 하는지에 대한 문제가 대두되고 있다.

온라인 개학은 학교에 가지 않고도 모든 것을 할 수 있다는 점이 중요한 게 아니라, 미래 교육의 중요한 틀로써 오프라인 교육의 부족한 부분을 채워 교육의 완성도를 높인다는 점에 의미가 있다.

본 탐구를 통해 온라인 수업과 오프라인 수업에 대해서 알아보고, 효과적인 방법을 제시함으로써 앞으로 미래 인재 양성을 위한 변화의 방향을 제시하고자 한다.

II. 본론

1. 온라인 수업의 장단점 분석

온라인 수업은 대면하지 않고 진행되는 수업으로, 어떤 장단점이 있는지 알아보고자 한다.

장점
① 교사 간, 교과 간 융합이 가능하다.
② 학생들에게 1대1로 구체적이고 체계적인 피드백을 제공할 수 있다.
③ 다른 학생들의 눈치를 보거나 분위기 때문에 자유롭게 수업에 참여하기
　　어려웠던 학생들이 보다 적극적으로 수업에 참여할 수 있다.

단점

① 학생들의 집중도가 현저히 떨어진다.

② 예체능 교과의 온라인 수업은 한계가 있다.

③ 단순히 수업만 듣고, 교사가 제시하는 과제를 수행하는 것은 학습에 있어서 학생들을 수동적인 위치에 있게 만든다.

2. 온라인 수업에서 활용될 수 있는 구체적인 교수법 제안

온라인 수업은 기술의 발달에 따라 다양한 활용이 가능하게 되었다. 즉, 다양한 방법으로 학습을 운영하게 된 것이다. 따라서 다양한 교수법이 만들어진다. 온라인 수업에서 활용 가능한 교수법에 대해서 제안을 하도록 하겠다.

첫째, 학생들에게 수업내용과 관련된 과제를 제시하고 이를 분석하여 학생들의 답변에 대한 피드백 영상을 찍어서 올린다. 이렇게 하면 교사는 다수의 학생이 어려워하는 부분이 어떤 부분인지를 알 수 있고 학생들은 다양한 친구들의 답변과 그에 대한 선생님의 피드백을 함께 공유할 수 있다는 장점이 있다.

둘째, 오프라인 수업에서 다른 학생들의 눈치를 보거나 소극적인 학생들을 위해 질문자가 누구인지 알 수 없게 하는 질문방을 개설하여 모두가 질문에 대한 답변을 공유할 수 있게 한다. 또 교사만이 질문에 답변할 수 있게 하는 것이 아니라 학생들도 참여할 수 있게 하여 상호 성장의 기회로 삼는다.

셋째, 과목당 보통 2명의 교사가 배치된다는 점을 활용하여, 한 교사는 실시간 쌍방향 수업을 진행하고 다른 교사는 콘텐츠 제공형 수업을 진행하여 각 수업의 장단점을 서로 보완할 수 있다. 예를 들면 수학 교과에서 한 교사는 개념

설명 강의와 관련 자료를 제공하고 다른 교사는 학생들의 질문을 받는 실시간 수업 방식으로 진행할 수 있다.

넷째, 오프라인 수업에서는 하기 어려운 대규모 토론 수업을 진행할 수 있다. 학생들 전체를 대상으로 오픈채팅방을 만들고 교사가 논제를 제시하고 토론 규칙을 정하여 모두가 동등하게 발언권과 참여권을 보장받게 하여 다양한 학생들이 자신의 의견을 공유할 수 있다. 기존의 토론은 소수를 대상으로 한다는 점에서 의견이 편향적일 수 있고 다양한 의견을 공유할 기회가 적은데 이를 보완할 수 있는 방법이 될 것이다.

다섯째, 체육 수업의 경우에는 모두가 같은 종류의 운동을 하는 것이 아니라 각자 자신에게 필요하고 자신의 환경 속에서 할 수 있는 스포츠를 선택하게 하여 영상을 올리게 하고 이에 대해 피드백을 주고받는 수업을 할 수 있다. 이를 통해 학생들은 스스로 이 운동이 왜 자신에게 필요한지를 생각해 볼 수 있고 수업에 좀 더 적극적으로 참여할 수 있게 된다.

여섯째, 역사 수업의 경우에는 게임을 활용할 수 있다. 마인크래프트나 심즈처럼 자신이 원하는 것을 만들어낼 수 있는 게임들이 여러 가지가 있는데, 이를 활용하여 역사 속 장면을 그대로 재현해 보거나 혹은 다르게 재현하여 게임 플레이 영상을 제출하게 한다. 과제를 제작하는 과정에서 역사가 이렇게 흘러가지 않았다면 어떤 상황이 발생했을지를 스스로 생각해 보게 하여 창의력을 길러줄 수도 있고, 당시의 시대적 배경에 대해서도 잘 이해할 수 있게 해준다.

일곱째, 영어 수업에서도 게임을 활용할 수 있다. 이는 비주얼씽킹이라는 교수법을 이용하는 것인데, 교사는 각각 개인에게 자신이 그림으로 설명해야 할 단어를 알려주고 이를 모은다. 그리고 학생들의 그림을 다른 학생들에게 제시하고 이를 맞추게 하여 그 단어가 어떤 상황에서 쓰이는지, 구체적으로 어떤 의미인지에 대해 잘 이해할 수 있게 한다. 또, 그림을 통해서 미술과 영어 간의 융합교육이 가능하다.

3. 오프라인 수업과 온라인 수업의 병행 방법 제시

오프라인 수업은 다양한 자료 수집이 어렵고 온라인 수업은 모둠 수업이 어렵다는 각각의 단점을 보완하여 두 가지 수업을 병행하여 학생들이 효과적으로 학습할 수 있게 한다. 오프라인 수업에서 모둠원들끼리 프로젝트 주제를 정하고 온라인 수업에서는 교사가 각 주제에 대한 설명과 영상을 제공한 후 각자 자료를 찾아보는 시간을 가진다. 그리고 다시 오프라인 수업을 진행하여 각자 조사한 주제를 하나의 결과물로 완성하는 프로젝트형 수업을 진행한다.

4. 학교에서 온라인 혹은 병행 수업사례와 개선점

학교에서도 선생님들이 수많은 방법으로 교육의 효과를 끌이 올리기 위해서 다양한 시도를 하고 있다. 변화된 사례를 살펴보자.

1) 수업 사례

[사례1] 우리 학교의 영어1 수업은 수업 전에 미리 예습과제를 제출하고 선생님은 학생들의 답변을 보고 어떤 부분에서 학생들이 어려워하는지를 분석해서 이를 바탕으로 수업을 진행한다. 선생님은 학생들이 어떤 부분을 가장 답으로 많이 골랐는지, 어떤 오답이 가장 많았는지를 바탕으로 표를 작성하여 학생들에게 제공하고 학생들이 어려워하는 부분에 대해서 보충 설명을 한다.

[사례2] 우리 학교의 수학2 수업은 쌍방향 실시간 수업과 콘텐츠 활용형 수업의 비율을 적절하게 조절하여 수업을 진행한다. 먼저 개념 강의를 통해 기본적인 내용을 학습하고, 실시간 수업을 통해서 문제풀이를 하는 방식으로 수업을 진행한다.

2) 개선점

[개선1] 우리 학교의 온라인 수업은 모둠 수업이 부족한 점이 아쉬운 것 같다. 선생님들이 올려주는 강의도 좋지만, 학생들 간 교류가 없어서 새 학기가 되어도 여전히 방학에 스스로 학습하는 느낌이 강했다. 그래서 줌의 소회의실 기능처럼 학생들 간 교류가 가능한 플랫폼을 활용하여 모둠 활동을 할 수 있게 수업을 진행하면 좋을 것 같다.

[개선2] 학생의 입장에서 온라인 수업 중에 가장 힘들었던 점은 과제 제출이었다. 오프라인 수업에 비해 과목별 과제가 훨씬 많아졌고 콘텐츠 활용형 수업과 실시간 쌍방향 수업을 진행하면서 동시에 과제를 제출하려니 시간적으로 여유가 없었고 부담은 커졌다. 그래서 수업 시간 안에 해결할 수 있는 과제를 내거나 아니면 학생들의 부담을 줄여줄 수 있는 과제를 내는 방향으로 개선하면 좋을 것 같다.

5. 미래 인재 양성을 위해 공교육이 변화해야 할 방향 제시

미래 인재 양성을 위해 교육은 끊임없이 고민하고 변화해야 한다. 그러기 위해서 현재 시점에서 교육이 어떻게 변화해야 할지 방향을 제시해 본다.

첫째, 지식 전수보다는 공동체적 경험을 제공하고 학생들의 적성과 흥미를 고려한 선택적 교육과정을 확대시켜야 한다.

둘째, 학생들의 도전과 창의성을 촉진하고, 휴머니즘을 가진 민주 시민을 길러내는 학교가 되어야 한다.

셋째, 함께 소통하고 스스로 배우는 학교가 되어야 하며 차별 없이 더불어 사는 가치를 경험할 수 있는 학교가 되어야 한다.

넷째, 학생들을 지역사회의 한 구성원으로서 인정하며, 학생들의 경험이 사회 문제 해결과 연결되도록 지역사회 연계 교육과정이 설계되어야 한다.

다섯째, 학생들 간 경쟁을 부추기는 평가 방식이 아니라 다양한 주제를 통한 토의·토론, 협력, 주제 중심 학습을 통한 수업과 평가가 이루어져야 한다.

III. 결론

현재 코로나19로 인해 모든 분야에서 급진적인 변화가 일어나고 있다. 특히 교육 분야는 코로나 이전과 이후로 나뉜다고 말할 수 있을 정도로 급격하게 변화했다. 하지만 코로나19가 교육 분야에 부정적인 영향을 끼친 것만은 아니다. 교육 환경의 변화는 오랜 숙제였고, 어쩌면 지금이 현재의 교육 방식에서 벗어나 미래의 교육으로 나아가는 중요한 전환점이라고 생각한다.

우리의 교육은 4차 산업혁명 시대의 변화 흐름에 맞춘 인재 양성을 위해 혁신적으로 변화해야 한다. 이에 맞춰 미래 교육의 필수적 요소 중 하나인 온라인 수업에 대해 알아보고 구체적인 교육 방법을 진지하게 생각해 보면서 나의 진로를 구체화하고, 나는 교사가 된다면 어떤 교사가 되고 싶은지, 어떤 수업을 아이들에게 제공하고 싶은지에 대해서 생각해 볼 수 있었다. 또, 우리 사회의 한 구성원으로서 사회 전체가 직면한 코로나19라는 큰 위기에 어떻게 대처해야 하고 이를 계기로 긍정적으로 발전할 수 있는 방법에 대해서도 고민해 보는 유익한 시간이었다.

이번 탐구는 다음과 같은 한계점을 가지고 있으며 해결방안을 고안하여 적용해 볼 것을 제안해 본다.

첫째, 친구들과 온라인 수업 학습경험을 공유하며 어떤 점이 좋았고 어떤 점을 보완하면 좋을지 토론해 보기

둘째, 다양한 교수법 생각해 보고 동아리 모의 수업 시간에 적용해 보기

셋째, 미래 교육을 바탕으로 현재 교육정책을 시대의 흐름에 맞추어 변형하거나 새로 만들어보기

넷째, 현재의 평가방식(경쟁 위주의 평가)을 대체할 다른 평가 방식을 함께 생각해 보기

〈참고문헌〉

마크프렌스키, 허성심(2018). 미래의 교육을 설계한다. 한문화.

최호섭(2020). 포스트 코로나 시대, 우리 교육이 가야 할 '새로운 길'. 비즈한국.
https://www.bizhankook.com/bk/article/19893

부록

저작권 및 참고문헌 작성법

저작권

도서관에 있는 모든 자료, 책, 잡지, 신문, 학술 논문, 학위 논문, 연구보고서, 데이터베이스, CD-ROM 자료, 전자책, 전자잡지 등도 모두 저작권을 갖고 있음.

남의 저작물의 전체나 부분을 몰래 가져다 쓰는 행위를 표절이라고 하며 이 것은 저작권을 침해하는 범죄임.

참고자료 이용방법

가. 인용: 남의 말이나 글을 자신의 말이나 글 속에 끌어 쓰는 것. 문헌을 인 용했다는 것을 논문의 내용 안에 적는 '주'와 논문의 마지막에 적는 '참고문헌'의 두 가지 방식으로 표현함.

(1) 직접 인용

다른 사람의 원문을 그대로 가져다 쓸 때는 큰따옴표로 묶어 표시하고, 3줄 이상의 긴 부분을 인용할 때는 독립된 문단으로 구성하고 인용문단 전체를 본 문보다 안으로 들여 써야 함.

저자명(발행연도) "직접 인용한 글"(쪽수)

예) 도서관 활용 수업은 사서교사와 교과교사의 협력의 과정이며 이를 가장

잘 나타낼 때 그 효과가 극대화될 수 있다(이병기, 2006, p.29)

(2) 간접 인용

논문 작성자가 이해한 내용으로 요약하거나 말을 재구성하여 표현할 때는 "~에 의하면", "~에 따르면"과 같은 표현을 하여 간접인용을 표현해 줌.

예) 이병기(2006)는 "도서관 활용 수업은 사서교사와 교과교사가 상호 협력 체계를 구축할 때 가장 효과적이다."라고 주장하였다(p.29). …라고 하였다(저자명, 발행연도, 페이지).

(3) 재인용

다른 사람이 인용한 내용을 다시 인용하는 것. 원저자와 발행연도, 원문의 표제와 수록 매체를 적은 다음 '재인용'이라는 어구 다음에 실제 인용한 자료의 저자명, 발행연도, 해당 쪽수를 기재함.
(원전의 저자, 원전의 발행연도 : 재인용할 자료의 저자, 재인용할 자료의 발행연도+에서 재인용).

예) 도서관활용 수업은 사서교사와 교과교사의 협력의 과정이며 이를 가장 잘 나타낼 때 그 효과가 극대화될 수 있다(이병기, 2006: 송기호, 2010에서 재인용).

'주'(note)

타인의 자료를 자신의 글에 인용하게 되면 논문의 내용 안에 '주'를 적어주어 표현함. 여러 가지의 '주' 형식 중 하나의 형식을 선택하여 논문 완성까지 일관성 있게 사용함.

가. 참조주

: 자신의 논문에 참고할 논문의 저자명과 연도를 적는 것.

예) 누구나 어떤 영역에서는 '불완전한 능력'을 보이며, '기본적 심리과정'의 장애는 평가가 어려우며, 학습장애는 다른 장애와 공존할 수 있다(김동일, 이대식, 신종호, 2009).

나. 내용주

: 논문 내용에 대한 보충 설명을 하는 것. 특수용어나 전문 용어에 대한 개념, 정의 및 풀이, 본문 내용에 표기하기 어려운 보충설명들이 필요할 때 사용함.

예) 일반적인 규칙을 위반하는 행위의 의미인 '일탈행위'는 광의의 개념과 협의의 개념으로 구별할 수 있는데 광의의 일탈행위는 반사회적인 행위 모두를 포함하고 있으며 협의의 의미로는 형법과 관련된 위반행위인 범죄10을 제외한 규칙 위반과 규범 위반을 뜻한다. 10 헌법재판소.(2007). 범죄는 법질서에 의해 부정적으로 평가되는 행위와 그로 인해 발생하는 부정적인 결과의 발생이라고 말할 수 있다.

다. 각주

: 본문에 주의 번호를 표시, 본문 하단에 주의 번호와 일치하는 인용 문헌의 서지사항을 기재하는 것.

예) 다품종소량생산의 산업 특성상 적은 자본으로도 시장에 진입할 수 있어 영세한 규모의 기업이 많으며, 전체 제조업자 수의 77.6%가 생산 규모 10억 원

미만인 기업으로, 산업 내 양극화 현상이 심각하다. 24 화장품산업과 경쟁정책, 2011.12.. 공정거래위원회, pp.26~27

라. 내주

: 본문 내에 저자명, 발행년, 인용면수 등을 괄호( ) 안에 묶어서 기재하는 것. 각주와의 차이점은 본문 내에 기재한다는 것.

예) 저자가 복수일 때, 참고문헌 작성에서는 표지에 서술된 저자들을 모두 명기해야 하지만 본문주에서는 간략히 표기한다. 한글, 동양어 문헌은 '홍길동 외'라고 하며, 서양어 문헌은 'Alexander, et al.'로 쓴다(정병기, 2009, p.115).
et al.은 et alibi 혹은 et alii의 약자로 사람과 장소 등을 열거할 때 사용되지만, 출처표기에서는 저자에 한해 사용된다.

참고문헌 작성법
1. 동양 도서, 서양 도서의 순서로 한다.
2. 동양 도서는 자모순, 서양 도서는 알파벳 순으로 나열한다.
3. 동일 저자의 2개 이상의 저서가 있을 경우 연대순으로, 그다음엔 자료명 순으로 나열한다.
4. 동일 저자의 동일 연도의 자료는 연도 뒤에 a,b,c로 표기하여 구분한다.
5. 서명의 관사(A, An, The)는 제외하고 다음 단어의 문자순으로 나열한다.
6. 서양 저자는 -성, 이름-의 순으로 나열하고, 성은 완전 명으로, 이름은 약 자로 쓴다.

[예시]

▶ 저서 - 저자명(출판연도). 책 제목. 출판사 소재도시:출판사명.
　예) 이신동, 최병연(2011). 최신교육심리학. 서울:학지사.

▶ 학술지 논문 - 저자명(발행년). 논문 제목. 학술지명, 권(호), 시작페이지-끝
　페이지.
　예) 공현선, 김명(2002). 학생정보마이닝 설계 및 구현. 한국컴퓨터교육학
　　　회, 6(1), 55-63

▶ 학위 논문 - 저자명(연도). 논문 제목. 대학명 석사(또는 박사) 학위 논문.
　예) 이승민(2012). 도서관과 정보생활 교과교육이 국제학업성취도평가의
　　　학습전략 이용에 미치는 영향. 공주대학교 교육대학원 석사학위논문.

▶ 번역서 - 원서저자명(원서출판연도). 원서제목. 번역자명(역) (번역본 출판연
　도). 번역본 제목. 번역출판사 소재도시 : 출판사명.
　예) Lortie, D. C.(1975). School-teacher: A Sociological study. 진동섭(역)
　　　(1996). 교직사회:교직과 교사의 삶. 서울 : 양서원.

▶ 신문 - 기자명(발행 년.월.일). 기사명. 신문사명, 페이지.
　예) 유희경(2014.1.13). 삼성, 웨어러블 기가 주도권 잡았다. 문화일보, p.16.

▶ 전자자료 - 저자명(출판연도). 웹자료의 제목. [검색날짜] 〈웹사이트 주소〉
　예) 한국MBTI연구소(2004). MBTI 이해. [2011.1.28] 〈http://www.mbti.
　　　co.kr/〉

[최종논문 작성시 유의사항]

2. 참고문헌

- 연구논문에 참고된 모든 문헌은 반드시 '참고문헌'에 기술되어야 한다.
- 논문의 말미에 제시하되 한글과 영문 그리고 그 외의 참고문헌도 가나다순
  또는 알파벳순으로 기술한다.

• 단행본의 경우

> 국문 : 이두휴 외(2007). 학부모 문화 연구—자녀교육지원활동을 중심으로. 한국교육개발원.
> 영문 : Lee, D. H. et al.(2007). A study on parental culture—focused on educational support activities for children. Korean Educational Development Institute.

• 정기간행물 속의 논문의 경우(반드시 해당 페이지를 밝힐 것)

> 진동섭 외(2008). 학교컨설턴트 교육 프로그램의 개발: S대 중등교육연수원 사례를 중심으로. 교육행정학연구, 26(2), 229-257.

• 학위 논문의 경우

> 국문 : 백욱현(1992). 아동의 선택적 주의전략과 금지 기체의 발달에 관한 연구. 박사학위논문. 충남대학교.
> 영문 : Baek, U. H.(1992). A Study of the development of children's selective attention strategies and inhibitory mechanisms. Unpublished doctoral dissertation. Chungnam National University.

• 인터넷 자료를 인용한 경우

> 국문 : 이종재(2003). 교육행정시스템 혁신의 방향. http://www.kedi.re.kr(검색일: 2003. 8. 26)
> 영문 : Lee, C. J.(2003). Directions of innovation on educational administration system.
> Retrieved August 26, 2003, from
> http://www.kedi.re.kr

• 신문기사 자료

> 신문 2008. 10. 22일자 4면(종합) 기사 : '학생 자살' 예방 교육 실시.

• 번역본 자료를 인용한 경우

> Kotler, P.(2006). 미래형마케팅(김정구 역). 세종연구원. (원저1999출간)

02

글쓰기 주의사항 및 TIP

본문 글쓰기 원칙

가. 본문을 기술할 때는 글쓴이를 배제하고 최대한 사실을 객관화해서 기술한다.

나. 서술어를 중심에 두고 써야 한다.

다. 문장은 짧게 쓰는 것이 좋다.

라. 문장 성분 사이의 호응 관계가 일치해야 한다. (특히 주어와 서술어)

마. 문장을 쓸 때 영어 번역투로 쓰지 않는다.

피해야 할 문장

가. 주어가 불분명한 문장

나. 신뢰도가 떨어지는 자료를 인용한 문장

   (1) 복잡한 문장

   (2) 흥미가 떨어지는 문장

   (3) 명확하지 않은 문장

   (4) 피동형 사동형 문장

   예시〉 이 책은 젊은이들에게 많이 읽혀지고 있습니다.

   → 젊은이들이 많이 읽고

다. 맞춤법이 틀린 문장

쓰기의 기본TIP

가. 문맥에 어울리는 단어를 선택하자

나. 단어의 뜻을 정확히 알고 쓰기

다. 사투리, 속어, 비어, 은어, 유행어(신조어)를 피하자

라. 가리키는 대상이 분명하지 않을 때는 지시어를 사용하지 않는다

논술문장의 문체

가. 평서문

나. 호응 관계

다. 간결체

    (1) 하나의 문장에는 같은 말을 또 쓰지 않는다.

    (2) 하나의 문장에는 한 가지 내용을 담는다.

탐구 계획서 양식지 모음

양식 1

탐구 계획서

학번 : _____

이름 : _____

1. 탐구 형식

☐ 질적연구 ☐ 양적연구 ☐ 혼합연구(질적연구 + 양적연구)

2. 주제선정

3. 교과목 연계(사진 삽입 가능)

교과목 및 단원명		교과명	단원명
	1		
	2		

4. 동기 및 호기심(질문하기, 문제 제기 등)

5. 키워드

6. 목적 및 필요성

7. 세부 연구방법(1번에서 해당하는 부분에 작성하세요.)

1) 질적연구
□ 질문법 □ 문헌연구 □ 인터뷰(면접법) □ 참여관찰법

2) 양적연구
□ 설문지법 □ 실험 방법

(1) 탐구설계

	내용	비고
재료(도구)		
조사 대상		
조사 기간		
자료 분석(해석)		
가설설정		

3) 혼합연구(질적연구 + 양적연구)
□ 질문법 □ 문헌연구 □ 인터뷰(면접법) □ 참여 관찰법

□ 설문지법 □ 실험 방법

(1) 탐구설계

	내용	비고
재료(도구)		
조사 대상		
조사 기간		
자료 분석(해석)		
가설설정		

8. 기대효과

9. 제언 및 한계점(후속 탐구)

10. 개요(목차)구성

I. 서론

II. 본론

III. 결론(제언 및 한계점 내용 포함 - 후속 탐구를 위해서)

11. 참고문헌

양식 2

탐구 계획서

학교명 :		학번: 이름:
관심분야		
세부분야		
키워드	(대학) 키워드	
	( ) 키워드	
	( ) 키워드	
	( ) 키워드	
	( ) 키워드	
나의 탐구 주제		
선정 이유	1.	
	2.	
	3.	
참고문헌 (자료)	1. 논문	
	제목 :	
	참고 내용 :	
	2. 기사	
	제목 :	
	참고 내용 :	
	3. 도서	
	제목 :	
	참고 내용 :	
	4. ( )	

개요 작성하기

목차 (개요)	I. 서론
	II. 본론
	III. 결론

자기평가서

양식 3

탐구 계획서

I. 탐구 주제 및 탐구 문제 선정의 이유

1. 주제

2. 선정 이유

II. 선행연구 검토

1. 논문 및 도서

2. 기사 및 포털

3. 기타

Ⅲ. 탐구 수행 과정과 탐구 결과

  1. 탐구 수행 과정

  2. 탐구 결과

  3. (필요시) 탐구 결과의 수학적 적용

Ⅳ. 참고문헌 및 참고사이트

  1. 참고문헌

  2. 참고사이트

Ⅴ. 배우고 느낀 점

양식4

탐구 계획서

교과 및 단원	
주제	
키워드	
호기심 및 동기유발	

참고	유튜브	
	도서	
	선행연구	

탐구과정	
결과	
배운 점	
느낀 점 (성장과 변화)	

양식5

주제(논문)탐구발표

주제(논문)탐구발표 주제 :	
주제 또는 논문 선정 이유	
주제(논문) 탐구 내용 (다음의 요소를 포함할 것) 1. 연구의 필요성 2. 연구 현황 3. 주제(논문)의 수요 내용 　 요약 및 설명 4. 자신의 의견, 주제와 　 관련되어 하고 싶은 일 5. 기타	
정리하기 (배우고 느낀 점)	

234

양식6

롤모델과의 가상 인터뷰

롤모델과의 가상 인터뷰 제목 :	
롤모델 소개 및 선정 이유	
가상 인터뷰 내용 (문답의 형식으로 창작하되, 다음의 요소를 포함할 것) 1. 인물의 업적, 연구 현황 2. 본인 진로와의 연관성 3. 롤모델인 인물의 영향 　으로 본인이 가지게 된 　이상이나 목표 4. 기타 :	

양식7

학급자유발언(토의)

학급자유발언 주제 :	
주제 선정 계기 (진로·공동체 연관성을 반드시 언급할 것)	
주제 관련 설명 (다음의 요소를 포함할 것) 1. 배경지식과 정보 설명 2. 공동체에 적용할 점 3. 자신의 주장 또는 제언 4. 기타 :	
정리하기 (배우고 느낀 점)	

양식8

수업량 유연화를 탐구보고서 실습안으로
활용하는 계획서

1. 수업량 유연화 과목별 주제

		융합 과목	주제
		통합사회+ 통합과학+영어	독도 형성 배경과 독도를 둘러싼 국제 관계
		수학+미술	아르키메디안 테셀레이션으로 찾아보는 도형의 방정식
		국어+한국사	문학작품과 작가의 삶으로 살펴보는 일제강점기의 시대상
		영어+경제	영어 독해 지문 속 경제 개념 탐구 및 경제 개념 사전 만들기
		체육+생명과학	운동강도와 종류에 따른 대사 작용 및 근·골격계의 다양한 반응에 대해 살펴보고 적용해 보기
		윤리+보건 +영어+수학	인수공통 감염병을 통해서 본 동물 권리 조명하기
		국어+중국어	한국사와 중국사가 반영된 문학작품 탐구를 통한 미래사회 대비하기
		물리+미적분	'터틀봇'을 이용한 인공지능시스템의 원리 및 활용 알아보기

2. 수업량 유연화 융합 수업 계획서

융합 교과			담당 교사	
주제				
수업목표				
성취기준				
재구조화 (수업 내용 및 방법)				
수업 활동 계획				
수업운영 물품 및 소요 예산				
기타				

[수업별 세부계획]

수업차시	수업 활동 계획 및 역할 (최대한 구체적으로)

[일자별 세부계획] ★ 수업 형태 및 모둠편성 방법(혹은 개인별) 등등

	(프로젝트 활동 및 보고서 작성)	

04

계열별 자료 찾기(정보 사이트)

인문사회계열

1. 철학, 종교학

　　서울대학교 철학사상 연구소 http://philinst.snu.ac.kr

　　대한철학회 http://www.sophia.or.kr/

　　한국기독교역사박물관 http://www.kchmuseum.org/

　　한국종교학회 http://koars.org

　　한국문학과종교학회 http://www.liteligion.com/

　　한국생명윤리학회 http://www.koreabioethics.kr

　　국가생명윤리정책연구원 http://nibp.kr

　　시민사회단체연대회의 http://www.civilnet.net

　　한국철학사상연구회 http://www.hanphil.or.kr

2. 언어학

　　국립국어원 https://www.korean.go.kr

　　대한언어학회 http://korling.or.kr

　　한국언어학회 http://www.linguistics.or.kr

　　한국어학회 https://koling.org

　　한국어교육학회 http://www.koredu.org/

　　이중언어학회 http://www.korbiling.com/

　　국제한국어교육학회 http://www.iakle.com

　　국제한국어문화학회 http://www.ink.re.kr

　　한글학회 https://www.hangeul.or.kr

　　한국다문화교육학회 http://ko.kame.or.kr

　　한말연구학회 http://www.hanmal.or.kr

3. 문학

　　한국문화연구학회 https://literaturelab.jams.or.kr

　　한국문학연구소 https://dgukoli.jams.or.kr/ (동국대학교부설)

4. 역사학

국사편찬위원회 http://www.history.go.kr

동북아역사재단 https://www.nahf.or.kr

역사문제연구소 http://www.kistory.or.kr

한국사연구회 https://www.hanguksa.org

개인인문사회연구회 https://www.nrcs.re.kr

경기문화재연구원 https://gjicp.ggcf.kr

고려대학교 민족문화연구원 https://riks.korea.ac.kr

국가문화유산포털 https://www.heritage.go.kr

국립문화재연구소 https://www.nrich.go.kr

국립중앙박물관 https://www.museum.go.kr

국립현대미술관 https://www.mmca.go.kr

문화재청 https://www.cha.go.kr

중앙문화재연구원 https://www.jungang.re.kr

한국감정원 https://www.kab.co.kr

한국대학박물관협회 https://www.kaum.or.kr

한국문화유산연구원 https://www.kchi.or.kr

한국문화재보호재단 https://www.chf.or.k

5. 사회학

통계청통계 https://kostat.go.kr

한국사회복지학회 https://kasw.org

한국여성학회 http://www.kaws.or.kr

한국노동사회연구소 http://www.klsi.org

시민사회단체연대회의 https://www.civilnet.net

한국사회조사연구소 https://www.ksrc.or.kr

한국인터넷기자협회 https://www.kija.org

한국인터넷디지털 엔터테인먼트협회 https://www.gamek.or.kr

한국조사연구학회 https://www.kasr.org

한국조사협회 https://www.ikora.or.kr

한국언론진흥재단 https://www.kpf.or.kr

6. 경제,경영학

대외경제정책연구원 https://www.kiep.go.kr

산업연구원 https://www.kiet.re.kr

한국개발연구원 https://www.kdi.re.kr

세계경제연구원 http://www.igenet.com

IGM 세계경영연구원 https://igm.or.kr
ECOS:한국은행경제통계시스템 http://ecos.bok.or.kr
OECD 경제개발협력기구 https://data.oecd.org
금융감독원 금융교육센터 https://www.fss.or.kr/edu/main/main.do
한국거래서 온라인아카데미 http://academy.krx.co.kr/
고용노동부 https://www.moel.go.kr
대한상공회의소 https://www.korcham.net
한국경영자총협회(경제경역정책리포트) https://www.korcham.net
금융투자교육원 https://www.kifin.or.kr
금융투자협회 https://www.kofia.or.kr
기획재정부 https://www.mosf.go.kr
한국감정원 https://www.kab.co.kr
한국경제연구원 https://www.keri.org
한국거래소 https://www.krx.co.kr
한국경제학회 https://www.kea.ne.kr
한국금융개발원 https://www.kfo.or.kr

7. 법학

로앤비 https://www.lawnb.com
한국법제연구원 https://www.klri.re.kr
헌법재판소 www.ccourt.go.kr
대한민국 법원 https://www.scourt.go.kr
사법연수원 https://jrti.scourt.go.kr

8. 심리학

한국발달상담연구소 http://www.kdcounsel.org
한국상담학회 https://counselors.or.kr
한국발달심리학회 https://baldal.or.kr
한국상담심리학회 https://krcpa.or.kr
한국카운슬러협회 http://www.hanka.or.kr
한국심리치료사협회 http://www.kams.re.kr
한국상담심리치료학회 http://ikcpt.or.kr
한국심리학회 https://www.koreanpsychology.or.kr
한국건강가장진흥원 http://www.kihf.or.kr
한국마약퇴치운동본부 http://www.drugfree.or.kr
한국임상심리학회 http://www.kcp.or.kr
한국자살예방시민연대 http://family9595go.blog.me

한국자살예방협회 http://www.suicideprevention.or.kr
한국인지행동심리학회 http://www.kicb.kr

9. 정치외교학
외교부 http://www.mofa.go.kr
외교안보연구소 https://www.ifans.go.kr
한국교육정치학회 http://www.ekspe.or.kr
한국정책분석평가학회 http://www.kapae.kr
국회사무처 http://nas.na.go.kr
대한민국국회 http://www.assembly.go.kr
시민사회단체연대회의 http://www.civilnet.net
한국스포츠외교학회 http://www.kcfr.or.kr
한국국제정치학회 http://www.kaisnet.or.kr
한국정치뉴스 http://koreapolitics.co.kr
한국정치학회 http://www.kpsa.or.kr
한국정치외교사학회 http://kpdhis.or.kr
한국외교협회 http://www.kcfr.or.kr
한국국방외교협회 http://kdda56.or.kr

10. 문헌정보학
도서관정보정책위원회 http://www.clip.go.kr
한국도서관협회 https://www.kla.kr
한국과학기술정보연구원 https://www.kisti.re.kr
도서관정보나루 https://www.data4library.kr
국가전자도서관 https://www.dlibrary.go.kr
국립중앙도서관 https://www.nl.go.kr
국회도서관 https://www.nanet.go.kr
한국학교도서관협의회 https://www.ksla.net

11. 광고홍보학
온라인 MICE연수원 https://www.kfo.or.kr
한국광고산업협회 https://www.kaaa.co.kr
한국방송기술인연합회 https://www.kobeta.com
한국방송촬영감독연합회 https://www.koreandps.or.kr
한국정보통신진흥협회 https://www.kait.or.kr
한국사보협회 https://www.sabo.or.kr
한국온라인광고협회 https://www.onlinead.or.kr

한국관광공사 https://kto.visitkorea.or.kr
한국지다인진흥원 https://www.designdb.com

12. 무역학

관세청 https://www.customs.go.kr
대한무역투자진흥공단 https://koreandps.or.kr
대한상공회의소 https://www.korcham.net
한국관세사회 https://www.kcba.or.kr
한국국제물류협회 https://www.kiffa.or.kr
한국무역협회 https://www.kita.net
한국생산성본부 https://www.kpc.or.kr

13. 관광학

문화체육관광부 https://www.mcst.go.kr
한국관광공사 https://kto.visitkorea.or.kr
한국관광호텔협회 https://hotelskorea.or.kr
한국문화관광연구원 https://www.kcti.re.kr
한국여행업협회 https://www.kata.or.kr
한국체인스토어협회 https://www.koca.or.kr

14. 통계학

한국생산성본부 https://www.kpc.or.kr
국민체육진흥공단 https://www.kspo.or.kr
미래창조과학부 https://www.msip.go.kr
빅데이터아카데미 https://www.msip.go.kr
통계청 https://www.kostat.go.kr
한국데이터베이스진흥원 https://www.kodb.or.kr
한국통계진흥원 https://www.stat.or.kr
한국표준협회 https://www.ksa.or.kr

15. 세무회계학

한국거래소 https://www.krx.co.kr
금융감독원 https://www.fss.or.kr
금융투자교육원 https://www.kifin.or.kr
금융투자협회 https://www.kofia.or.kr
한국IR협의회 https://www.kirs.or.kr
한국거래소 https://www.krx.co.kr

한국상장회사협의회 https://www.kica.or.kr
한국손해사정사회 https://www.kicaa.or.kr
한국증권분석사회 https://www.kciaa.or.kr
한국증권학회 https://www.ikasa.or.kr
KPC한국생산성본부 https://www.kpcerp.or.kr
국세청 https://www.nts.go.kr
대한상공회의소 https://www.korcham.net
코스닥협회 https://www.kosdaqca.or.kr
한국공인회계사회 https://www.kicpa.or.kr
한국세무사회 https://www.kacpta.or.kr
한국세무사회계학회 https://www.kata.re.kr
한국지방세학회 https://www.klota.or.kr

16. 미디어학
한국콘텐츠진흥원 http://www.kocca.kr
한국엠씨엔협회 http://kmcna.or.kr
정보통신산업진흥원 http://www.nipa.kr
한국가상증강현실산업협회 http://www.kvra.kr
한국모바일게임협회 http://www.k-mga.or.kr

자연공학계열

1. 수학
고등과학원(수학부) http://kor.kias.re.kr
국가수리과학연구소 https://www.nims.re.kr
카오스재단 https://ikaos.org

2. 물리학
고등과학원(물리학부) http://kor.kias.re.kr
물리학연구정보센터 http://icpr.snu.ac.kr
한국물리학회 https://www.kps.or.kr
한국물리학회 https://post.naver.com/my.naver?memberNo=38442864

3. 지구과학
대한자원환경지질학회 https://www.kseeg.or.kr
한국지질자원연구원 https://www.kigam.re.kr
한국해양과학기술원 https://www.kiost.ac.kr

환경지질연구정보센터 https://data.kigam.re.kr

국토지리정보원 http://nationalatlas.ngii.go.kr

4. 화학

대한화학회 http://new.kcsnet.or.kr

한국화학연구원 https://www.krict.re.kr

화학공학연구정보센터 https://www.cheric.org

한국화학융합시험연구원 www.ktr.or.kr

한국화학공학회 https://www.kiche.or.kr

한국화학물질관리협회 www.kcma.or.kr

5. 생명과학

한국생명공학연구원 https://www.kribb.re.kr

한국미생물생명공학회 kormb.or.kr

생물학전문연구정보센터 https://www.ibric.org

카오스재단 https://ikaos.org

한국바이오정보센터(GMO정보포털) https://www.biosafety.or.kr

한국생물공학회 www.ksbb.or.kr

한국국제생명과학회 https://ilsikorea.org

한국의생명과학회 www.biomedsci.or.kr

6. 전기공학

한국전기연구원 https://www.keri.re.kr

한국에너지기술연구원 http://www.kier.re.kr

신재생에너지센터 http://www.knrec.or.kr

한국신재생에너지협회 http://www.knrea.or.kr

한국첨단자동차기술협회 http://www.kaata.or.kr/

한국자동차 산업협동조합 http://www.kaica.or.kr/

한국정보산업연합회 http://www.fkii.org/

K-ICT 디바이스랩 http://www.devicelab.kr/

한국스마트그리드협회 http://www.ksga.org

한국스마트그리드사업단 http://www.smartgrid.or.kr

한국해양과학기술원 http://www.kiost.ac

국립해양조사원 http://www.khoa.go.kr

7. 전자공학

한국전자통신연구원 https://www.etri.re.kr

고등과학원(계산과학부) http://kor.kias.re.kr
전자정보연구정보센터 https://www.eiric.or.kr
한국의료기기산업협회 http://www.kmdia.or.kr
한국전자통신연구원 실감미디어연구부 http://www.etri.re.kr
한국콘텐츠진흥원 콘텐츠산업포털 http://www.kocca.kr
한국방송미디어공학회 http://www.kosbe.or.kr
한국의류산업학회 http://www.clothing.or.kr
한국섬유공학회 http://www.fiber.or.kr

8. 기계공학

기계공학연구정보센터 https://www.materic.or.kr
한국기계가공학회 https://ksmpe.or.kr
한국기계연구원 https://www.kimm.re.kr
한국생산기술연구원 https://www.kitech.re.kr
한국과학창의재단 https://www.kofac.re.kr
공학교육정보센터 www.eeic.or.kr
한국산업기술진흥협회 https://www.koita.or.kr
한국공학한림원 https://www.naek.or.kr
대한기계학회 https://www.ksme.or.kr
대한유체기계학회 https://www.sfm.org
한국정밀공학회 https://www.kspe.or.kr
한국생산제조학회 https://www.ksmte.kr
한국농업기계학회 https://www.ksam76.or.kr
컴퓨터연구정보센터 https://www.cseric.or.kr

9. 재료공학

한국재료연구원 https://www.kims.re.kr
한독소재센터 https://kgmc.kims.re.kr
소재종합솔루션센터 https://www.matcenter.org
한국세라믹기술원 https://www.kicet.re.kr
소재부품 종합정보망 https://www.mctnet.org
한국항공우주연구원 https://www.kari.re.kr
3D융합기술지원센터 https://www.3dc.or.kr

10. 토목공학

한국토목신소재학회 kgss.or.k
한국건설관리학회 https://www.kicem.or.kr

한국철도기술연구원 https://www.krri.re.kr
한국건설기술연구원 https://www.kict.re.kr
건설기술정보시스템 codil.or.k
대한토목학회 https://www.ksce.or.kr
국토교통과학기술진흥원 https://www.kaia.re.kr
국가건설기준센터 https://www.kcsc.re.kr

11. 건축공학

한국건축가협회 https://www.kia.or.kr
건축도시연구정보센터 https://www.auric.or.kr
건축공간연구원 https://www.auri.re.kr
한옥국가센터 http://www.hanokdb.kr
국립문화재연구원 https://www.nrich.go.kr

12. 농업,수산과학

서울대학교 농업생명과학정보원 ials.gnu.ac.k
국립농업과학원 http://www.naas.go.kr
농촌진흥청 국립식량과학원 www.nics.go.kr
한국식물생명공학회 www.kspbt.or.kr
한국동물생명공학회 www.ksar.or.kr
한국유기농학회 www.yougi.or.kr
한국국제농업개발학회 www.eksia.com
한국농약과학회 www.kjps.or.kr
한국해양생명과학회 www.mfls.or.kr
국립수산과학원 m.nifs.go.kr
한국수산해양기술학회 www.fishtech.or.kr
한국수산과학회 www.kosfas.or.kr

13. 컴퓨터공학

컴퓨터연구정보센터 https://www.cseric.or.kr
한국블록체인협회 http://www.kblockchain.org
한국블록체인산업진흥협회 http://www.kbipa.org
한국블록체인산업협회 http://www.kbcia.or.kr
한국전자통신연구원 http://www.etri.re.kr
한국사물인터넷협회 http://www.kiot.or.kr
정보통신산업진흥원 http://www.nipa.kr
한국정보통신진흥협회 http://www.kait.or.kr

IoT지식능력검정 홈페이지 http://cp.kiot.or.kr
지능정보산업협회 http://www.k-ai.or.kr
한국인공지능협회 http://www.koraia.org

14. 로봇공학

한국로봇학회 kros.org
제어로봇시스템학회 www.icros.org
한국로봇산업협회 www.korearobot.or.kr
한국로봇산업진흥원 https://www.kiria.org
로봇기술 robotzine.co.kr
대한의료로봇학회 www.ksmr.or.kr
한국재활로봇학회 www.rehabrobot.or.kr

15. 자동차공학

한국자동차공학회 https://www.ksae.org
한국자동차공학한림원 https://www.kaae.kr
한국자동차산업학회 https://www.kami.or.kr
한국자동차협회 https://www.kaa21.or.kr
한국자동차환경협회 https://www.aea.or.kr
한국전기자동차협회 https://www.keva.or.kr
한국자동차부품협회 https://www..i-kapa.org

16. 항공우주공학

한국항공우주학회 ksas.or.kr
한국항공우주연구원 https://www.kari.re.kr
한국우주과학회 ksss.or.kr
한국항공경영학회 www.amsok.or.kr
항공우주시스템공학회 sase.or.kr
항공안전기술원 https://www.kiast.or.kr
국가지식재산교육포털 www.ipacademy.net
발명교육포털사이트 https://www.ip-edu.net

의학계열

1. 약학

식품의약품안전처 https://www.mfds.go.kr
질병관리청 https://www.kdca.go.kr

약학정보원 https://www.health.kr
동물의약품관리시스템 https://medi.qia.go.kr
의약품종합정보시스템 https://nedrug.mfds.go.kr
한국제약바이오협회 https://www.kpbma.or.kr
의약정보센터 http://www.kimsonline.co.kr
식품의약품 안전평가원 https://www.nifds.go.kr
한국보건산업진흥원 https://www.khidi.or.kr
한국제약바이오협회(AI 신약개발지원센터) https://www.kpbma.or.kr
신약개발지원센터 https://www.kbiohealth.kr
신약개발 바이오이미징 융합기술센터 http://www.bioimaging.or.kr
한국약제학회 www.kspst.or.kr
세계제약학회 https://www.ifpma.org
한국제약의학회 www.kspm.org
한국글로벌의약산업협회 https://www.krpia.or.kr

2. 의학

의과학연구정보센터 https://www.medric.or.kr
대한의학회 https://www.kams.or.kr
한국의학원 http://www.kiom.org
질병관리청 https://www.kdca.go.kr
한국의학논문데이터베이스 kmbase.medric.or.kr
KMLE 의학검색엔진 http://www.kmle.co.kr
코크란 엽합 www.cochrane.or.kr:
임상시험센터(서울대 의생명연구원) http://ctc.snuh.org
한국뇌연구원 https://www.kbri.re.kr
한국뇌과학연구원 www.kibs.re.kr
국가임상시험지원재단 https://www.konect.or.kr
한국의학교육학회 www.ksmed.or.kr
대한마취통증의학회 www.anesthesia.or.kr
대한핵의학기술학회 http://www.ksnmt.or.kr/
대한이비인후과학회 www.korl.or.kr
대한중환자의학회 www.ksccm.org
대한영상의학회 www.radiology.or.kr
대한비뇨의학회 http://www.urology.or.kr/
대한비뇨생식기영상의학회 https://www.ksur.kr/
대한신경정신의학회 http://www.knpa.or.kr/
대한한의학방제학회 http://www.ompak.okdanche.com/

3. 치의학

한국치의학회 https://www.kads.or.kr

한국치의학논문데이터베이스 https://kdbase.medric.or.kr

치의학연구정보센터 https://dental.medric.or.kr

4. 한의학

한국한의약진흥원 https://nikom.or.kr

한국한의학연구원 https://www.kiom.re.kr

WHO 전통의학협력센터 https://www.kiom.re.kr

대한한약협회 http://kherb.org

5. 수의학

대한수의학회 https://www.ksvs.or.kr

한국수의병리학회 http://www.ksvp.or.kr

대한수의사회 http://www.kvma.or.kr

한국실험동물학회 https://kalas.or.kr

한국실험동물협회 https://kafla.kr

동물의약정보센터 kimsonline.co.kr

한국예방수의학회 http://www.jpvm.or.kr/

한국임상수의학회 http://www.ksvc.or.kr/

한국동물재활학회 http://www.ksvr.co.kr/

세계수의공간분석학회 https://geovet2019.ucdavis.edu/index.html

한국고양이수의사회 ksfm.co.kr

6. 간호학

한국간호과학회 https://www.kan.or.kr

대한간호사협회 http://www.koreanurse.or.kr

대한간호협회 https://rnjob.or.kr

한국보건사회연구원 https://www.kihasa.re.kr

한국간호학논문데이터베이스 https://knbase.medric.or.kr

한국성인간호학회 www.ana.or.kr

한국노인간호학회 www.gnursing.or.kr

한국정신간호학회 www.mhnursing.or.kr

한국아동간호학회 www.childnursing.or.kr

한국여성건강간호학회 www.women-health-nursing.or.kr

한국가정간호학회 www.kahhn.or.kr

한국보건간호학회 www.ksphn.or.kr

한국중환자간호학회 https://ksccn.jams.or.kr
한국기초간호학회 www.bionursing.or.kr
한국재활간호학회 kasren.or.kr
한국간호교육학회 www.kasne.or.kr

7. 보건계열

한국산업보건학회 www.kiha.kr
한경독성보건학회 www.koseht.org
대한정형도수물리치료학회 www.kaomt.or.kr
대학심장호흡물리치료학회 www.kacrpt.org
대한물리치료학회 www.kpt.or.kr
대한정형외과 스포츠의학회 www.kossm.or.kr
대한병원행정관리자협회 www.kcha.or.kr
한국보건행정학회 www.kshpa.org
한국병원경영학회 ksha.net

예체능계열

한국문화예술진흥원 https://www.arte.or.kr
한국예술연구소 http://www.kreca.or.kr
대한건축학회 https://www.aik.or.kr
한국사진학회 https://skp.jams.or.kr
한국음악교육학회 http://www.kmes.or.kr
한국영상자료원 https://www.koreafilm.or.kr
한국미술연구소 http://www.casasia.org
영화진흥위원회 https://www.kofic.or.kr

교육계열

1. 교육학

에듀넷 https://www.edunet.net
서울특별시교육연구정보원 https://www.serii.re.kr
한국교육개발원 https://www.kedi.re.kr
한국교육학술정보원 https://www.keris.or.kr
교육부 https://www.moe.go.kr
꿈사다리 http://kkumsadari.sen.go.kr/

한국교육학회 https://www.ekera.org

한국인공지능학회 https://www.aiassociation.kr

한국교육공학회 https://www.kset.or.kr

2. 유아교육학

서울특별시교육청 유아교육진흥원 https://www.seoul-i.sen.go.kr

한국유아교육학회 https://www.ksece.or.kr

한국생태유아교육학회 https://www.ecoece.or.kr

미래유아교육학회 https://www.futureece.or.kr

한국열린유아교육학회 https://www.open33.or.kr

한국유아특수교육학회 https://www.kecse.co.kr

한국유아교육보육복지학회 https://www.kecea.or.kr

한국몬테소리교육 https://www.montessori.co.kr/

3. 초등교육학

한국초등교육학회 https://www.kssee.net

초등교육 박람회 https://www.children-expo.co.kr

한국초등상담교육학회 https://www.kece.or.kr

서울교육대학교 초등교육연구원 https://www.eeri.snue.ac.kr

제주대학교 초등교육연구소 https://www.eri.jejunu.ac.kr

한국교원대학교 초등교육연구소 https://www.jees.newnonmun.com

공주교육대학교 초등교육연구원 https://www.gjue.ac.kr/gjue/eerc.do

경인교육대학교 다문화교육연구원 https://www.kme.or.kr

4. 특수교육학

교육부 국립특수교육원 https://www.nise.go.kr

국가장애인평생교육진흥센터 https://www.nise.go.kr/sub/info.do

특수교육지원센터 https://sesc.gen.go.kr

한국특수교육학회 https://www.ksse.or.kr

한국유아특수교육학회 https://www.kecse.co.kr

5. 수학교육학

한국수학교육학회 https://www.ksme.info

대학수학교육학회 https://www.ksesm.or.kr

6. 영어교육학

한국영어교육학회 https://www.kate.or.kr

글로벌영어교육학회 https://www.geta.kr
현대영어교육학회 https://www.meeso.or.kr
한국중등영어교육학회 https://www.kasee.org
한국영어교과교육학회 https://www.kees.kr
한국영어영문학회 https://www.ellak.or.kr

논문과 학술지를 활용한 탐구주제 및 연구분야 검색

누리미디어(DBpia) https://www.dbpia.co.kr
한국교육학술정보원(RISS) https://www.riss.kr
한국학술정보(KISS) https://www.kstudy.com
학술연구원 https://www.earticle.net
구굴학술정보 https://scholar.google.co.kr
네이버학술정보 https://academic.naver.com

강의를 통한 탐구주제 및 연구분야 검색

온라인 대학전공강의 http://www.kmooc.kr
TED https://www.ted.com
온라인 대학공개강의 www.kocw.net

데이터베이스를 활용한 탐구주제 및 연구분야 검색

과학기술분야 인프라 https://www.sciencetimes.co.kr
통계청 https://kostat.go.kr
국가통계포털 https://kosis.kr
특허정보검색 www.kipris.or.kr

시사이슈를 통한 탐구주제 및 연구분야 검색

생글생글(시사상식) https://sgsg.hankyung.com
NEWNEEK(시사상식) https://www.newneek.co
바이오제약 동향 www.hitnews.co.kr

〈참고문헌〉

설연경(2020). '변혁적 역량기반(Transformative Competenoies)' 미래지향적 교육설계 방안. 교양교육연구, 14(3), pp. 25-38.

이상은, 김은영, 김소아, 유예림, 최수진, 소경희(2018). OECD 2030참여 연구: 역량의 교육정책적 적용 과제 탐색. 한국교육개발원.

2022 교육공동체 주제별 대입설명회 자료집(2022). 충청남도교육청진로교육센터. http://jinhak.cne.go.kr/boardCnts/view.do?m=0205&boardID=2007&boardSeq=244084&lev=0 (검색일: 2022.3.20.)

전라북도교육청교육정책연구소(2021). 수업량 적정화에 따른 고등학교 교육과정 개선 방향 연구(2021-018), 전북교육 2021-521

학생부종합전형 준비를 위한 학업설계[교과세부능력 특기사항과 창체 중심](2022). 충청남도교육청 연구정보원 진로진학부

경희대학교 입학처 입학전형연구센터 「학생부종합전형 평가요소 및 항목 개선 연구」. 2022.

대한상공회의소 「100대 기업이 원하는 인재상 보고서」. 2018.

IBO(2020). Theory of knowledge guide 2022. https://resources.ibo.org/data/theory-of-knowledge-guide_c65f888e-5f47-47b5-8eec-79edfca5e86e/theory-of-knowledge-guide-en_3a8f2926-8de1-48e5-9268-19cb6f6ed9a9.pdf.(검색일: 2022. 5. 2)

IB World Schools Yearbook 2022. http://www.ibyb.org.(검색일: 2022. 4. 26)

IBO(2020). What is an IB education?. https://resources.ibo.org/data/what-is-an-ib-education_4120df85-ad62-4edd-8bdb-c608728c6ce1/what-is-an-ib-education-en_50399d72-e732-437d-8f20-6122d18f87d9.pdf(검색일: 2022.4.20)

OECD(2019). OECD future of Education and skills 2030.

http://www.oecd.org/education/2030-project/teaching-and-learning/learning/learning-compass-2030/OECD_Learning_Compass_2030_concept_note.pdf

TOK exhibition Sample. Themantic Education(블로그) https://www.themantic-education.com/ibtok/2021/02/21/tok-exhibition-sample-1/.(검색일: 2022.5.30)

고교학점제 홈페이지(https://www.hscredit.kr). 자료실

OECD 홈페이지(https://www.oecd.org/education/). 교육